BRAS DE FER
de Ken Pereira
avec Luc Bouchard
est le mille soixante-deuxième ouvrage
publié chez VLB éditeur.

4/47

M.-

D1205809

Directeur littéraire : Alain-Nicolas Renaud
Design de la couverture : Mügluck
Photographie en couverture : Mathieu Rivard

Catalogage avant publication de Bibliothèque et Archives nationales du Québec
et de Bibliothèque et Archives Canada
Pereira, Ken, 1965-
    Bras de fer
    ISBN 978-2-89649-600-6
    1. Pereira, Ken, 1965-   . 2. F.T.Q.-Construction - Histoire. 3. Construction - Industrie - Québec
(Province) - Histoire. 4. Syndicats - Pratiques déloyales - Québec (Province). 5. Syndicats - Personnel -
Biographies. I. Bouchard, Luc, 1963 juin 6-   . II. Titre.
HD6528.B89P47 2015   331.88'19   C2015-941546-2

VLB ÉDITEUR
Groupe Ville-Marie Littérature inc.*
Une société de Québecor Média
1055, boulevard René-Lévesque Est
Bureau 300
Montréal (Québec) H2L 4S5
Tél. : 514 523-7993, poste 4201
Téléc. : 514 282-7530
Courriel : vml@groupevml.com
Vice-président à l'édition : Martin Balthazar

Distributeur :
Les Messageries ADP inc.*
2315, rue de la Province
Longueuil (Québec) J4G 1G4
Tél. : 450 640-1234
Téléc. : 450 674-6237
* filiale du Groupe Sogides inc.,
    filiale de Québecor Média inc.

VLB éditeur bénéficie du soutien de la Société de développement des entreprises culturelles du Québec
(SODEC) pour son programme d'édition.
Gouvernement du Québec – Programme de crédit d'impôt pour l'édition de livres – Gestion SODEC.
Nous remercions le Conseil des arts du Canada de l'aide accordée à notre programme de publication.

Financé par le gouvernement du Canada
Funded by the Government of Canada | Canadä

BRAS DE FER

« Jocelyn Dupuis ne nous a pas volés »,
dit la FTQ-Construction
Le Journal de Montréal, 13 novembre 2014

Ken Pereira
avec Luc Bouchard

BRAS DE FER

vlb éditeur
Une société de Québecor Média

À ma chérie,
et aux syndicalistes qui restent.

Note au lecteur

Ce livre raconte, ou plutôt résume, neuf ans de ma vie, neuf années surréalistes et éprouvantes. Pour l'écrire, j'ai revisité ma mémoire avec le même entêtement que j'avais mis à défendre les membres de mon local syndical et à dénoncer le train de vie scandaleux et les manigances de Jocelyn Dupuis, l'ex-directeur général de la FTQ-Construction. Fouiller dans son passé comporte des risques. Parce que la mémoire n'est pas infaillible, déjà, et que c'est dans la nature humaine de réécrire l'histoire. J'ai essayé de l'éviter. L'exercice que j'ai fait avec Luc Bouchard a été d'autant plus difficile que les ramifications de ce milieu que je m'apprête à vous décrire s'étendent à presque toutes les sphères – économique, syndicale, politique, médiatique, criminelle – de notre société. Une société en crise qui nous incite à ne penser qu'à nous et à faire l'autruche. J'ai refusé de le faire, malgré les menaces et les propositions alléchantes, malgré l'intimidation et la séduction dont j'ai fait l'objet.

Soyons clairs, je n'ai pas fait ce livre pour donner des leçons de morale au monde. Je ne prétends pas non plus détenir le secret de la Caramilk, la solution magique aux problèmes de collusion et d'intimidation dans l'industrie de la construction. Mais j'ai des valeurs fondamentales, et ce sont ces valeurs qui ont fait de moi un *whistleblower*, un lanceur d'alerte. Parce que je ne pouvais pas ne pas dénoncer les abus

d'une poignée de faux syndicalistes qui carburaient au pouvoir et à l'appât du gain, et dont un certain nombre, malgré la
commission Charbonneau, ont encore les clés de la plus
grande centrale syndicale du Québec.

Ce livre raconte l'histoire d'un gars qui, confronté aux
agissements de responsables d'une centrale qui ont volé et
broyé la vie de « leurs » travailleurs pour vivre comme des
pachas, a dû choisir entre fermer sa gueule et se tenir debout.
L'espoir que je nourris en vous la racontant est que vous en
reteniez surtout une chose : il est bien plus satisfaisant de se
tenir debout que de s'aplatir devant ce qui nous indigne. Je me
porte garant des propos contenus dans ce livre. Parce que c'est
ce que j'ai vécu, pensé, et ressenti.

Syndicalement vôtre,
Ken Pereira
Août 2015

Chapitre premier

Quand le premier éditeur m'a téléphoné, je suis tombé en bas de ma chaise. Jamais je n'aurais imaginé que ma vie avait le potentiel de devenir un roman. Je suis allé le rencontrer dans un restaurant branché où, en jappant des ordres à des serveuses en jupes trop courtes, il m'a proposé de faire un *bestseller*. Et puis, à la fin du repas, il m'a dit sur un ton un peu gêné que mon histoire était radioactive et qu'il serait plus prudent de changer les noms de tous les personnages, sauf le mien.

Quelque temps après, un producteur, Michel Trudeau, m'a invité dans un restaurant de Saint-Sauveur pour m'annoncer qu'il voulait adapter mon histoire au cinéma.

— On va en faire le prochain *Parrain*...

Flatté, je me suis mis à rêver que mon combat contre l'intimidation sur les chantiers de construction et la collusion entre les patrons et les syndicats serait porté au grand écran. Je me suis même amusé à imaginer quel comédien pourrait le mieux interpréter mon personnage.

On s'est croisé à plusieurs reprises, Trudeau et moi. Entre-temps, il avait lu un synopsis de ma saga syndicale. Je l'avais écrit spécialement pour lui et j'en étais assez fier. En quelques pages, je résumais comment, en cherchant à défendre le droit au travail de mes hommes, je m'étais retrouvé au cœur d'un scandale de corruption. Je revisitais les zones d'ombre et de doute que j'avais traversées dans les dernières années. Mon histoire, pour moi, était une métaphore de notre époque. Un drame social dans lequel des individus sans scrupule subtilisaient l'argent des cotisations des travailleurs et des travailleuses qui se débattent pour joindre les deux bouts, et dont les impôts financent nos services publics.

Pour donner plus de chair à mon résumé et afin que Michel Trudeau se familiarise avec l'univers de la construction, je lui ai aussi prêté des CD sur lesquels j'avais gravé certaines des écoutes électroniques que j'avais réalisées durant les dernières années. Ces enregistrements démontrent clairement le *modus operandi* des principaux personnages qui figurent au générique de mon histoire, et j'en ai d'ailleurs remis des copies à la Sûreté du Québec, à la commission Charbonneau et aux attachés politiques de deux ministres du Travail.

Mon producteur avait l'air aussi emballé que la première fois qu'on s'était vus, à Saint-Sauveur. À l'entendre, les choses avançaient bien. Il réaffirmait son envie de réaliser un grand film. Entre les films de Francis Ford Coppola et le *Réjeanne Padovani* de Denys Arcand. Parce que, selon lui, c'était le réalisateur du *Déclin de l'empire américain* et des *Invasions barbares* en personne qui allait réaliser mon film. Michel Trudeau m'a même dit qu'il était prêt à m'envoyer rejoindre Arcand en Floride pour travailler sur mon scénario. Il avait lancé cette idée alors qu'il me bombardait de questions pour me soutirer le maximum d'informations. Je sais bien que les producteurs sont toujours à l'affût de la prochaine bonne histoire. Du prochain gros *hit*. C'est pourquoi je n'ai pas pu m'empêcher de lancer à la fin de la rencontre qu'on devrait peut-être signer une entente, ne serait-ce que pour protéger mon histoire. Et puis, je n'ai plus jamais entendu parler de lui...

Michel Trudeau n'a pas été le seul dans ce milieu à me faire des appels du pied. Jacques Lina, producteur spécialisé dans le documentaire, m'a lui aussi dit qu'il était « tombé en amour » avec mon histoire. J'avais réussi à obtenir un rendez-vous avec les responsables de Remstar Films, la compagnie de Maxime Rémillard. Pour une énième fois, j'ai raconté comment Jocelyn Dupuis m'avait recruté à la FTQ-C avec ses belles promesses. On a parlé de la collusion malsaine qui existe entre le secteur public et le privé, et des visées que le crime organisé avait sur la centrale, qui pourrait lui ouvrir l'accès à l'argent du Fonds de solidarité. Les gens de Remstar semblaient très intéressés, mais pensaient plutôt à une série qu'à un documentaire. C'est alors qu'une petite lumière rouge s'est allumée dans ma tête : ils risquaient de se retrouver en conflit d'intérêts, avec mon histoire, puisque le Fonds de solidarité avait prêté des millions de dollars aux entreprises de la famille Rémillard dans le passé. Lors d'une rencontre subséquente, ils m'ont semblé beaucoup moins enthousiastes. Jacques Lina, quant à lui, m'a finalement annoncé qu'il devait renoncer à notre projet, parce qu'il était trop lourd et complexe à financer.

Je repense à tout ce qu'on m'a fait miroiter (ou à tout ce que j'ai bien voulu croire) en attendant mes bagages à l'aéroport d'Edmonton. Je revois le stress que j'ai fait vivre à ma famille au cours de ces quelques années. Je songe, par exemple, à ce rat mort que quelqu'un a laissé sur le perron de ma maison pour me pousser à me taire... et je me demande si tout ça en valait vraiment la peine. Je vois comment chacun a cherché à tourner, ou à travestir la vérité pour servir ses intérêts : syndicalistes, politiciens, entrepreneurs, gangsters, ingénieurs, journalistes, policiers. Et je me dis : à quoi bon m'évertuer à dénoncer les bogues du système si rien ne change ?

Comme à chaque fois que je ressasse tous ces événements, je me demande en me frottant le crâne si je jouerais mes cartes différemment si tout était à refaire. Sans rire. À quoi bon avoir enfilé le costume du *whistleblower* si les entreprises de construction et d'ingénierie coupables de magouilles recommencent déjà à soumissionner auprès du gouvernement (parfois en changeant de nom) et si la Ville de Montréal, par exemple, continue d'accorder des contrats sans appel d'offres ? À quoi bon avoir dénoncé les dépenses frauduleuses de Jocelyn Dupuis, si ceux qui les approuvaient à l'époque sont toujours à la tête de la centrale ? Sérieux...

Smoke screen. Je cherche l'équivalent en français en attendant que le carrousel à bagages se mette en marche. Écran de fumée ? Non, disons plutôt... de la poudre aux yeux. C'est souvent l'impression que j'avais en regardant la commission Charbonneau (la Commission d'enquête sur l'octroi et la gestion des contrats publics dans l'industrie de la construction, ou CEIC). Surtout quand j'écoutais les témoins à la mémoire de poisson rouge qui y défilaient. Surtout quand je voyais que les procureurs ne leur posaient pas les vraies questions, à commencer par celles que soulèvent les heures d'enregistrements que j'avais transmises aux enquêteurs de la CEIC, et qu'on n'a jamais fait jouer pendant les audiences. Pourtant, on m'avait bien promis de les faire entendre...

Il faut en effet savoir que j'ai remis à la CEIC près de 80 heures d'enregistrements de conversations qui me semblaient incriminantes. Des conversations qui démontrent clairement que la corruption est tentaculaire dans le monde de la construction, dont plusieurs échanges entre des hauts dirigeants de la FTQ-C et certains des plus importants contracteurs de la province, et où les uns et les autres reconnaissent explicitement l'existence d'ententes secrètes entre eux. À commencer par celle qui permet aux locaux syndicaux les plus importants, ceux qui comptent le plus de membres, de placer en priorité leurs travailleurs sur les chantiers au détriment des membres des plus petits locaux.

Je ne sais pas trop quand m'est venue l'idée d'enregistrer les gens. Mais je ne suis pas le seul à le faire, et les syndicalistes le font autant que les patrons. Il suffit de repenser à cet ancien directeur du local 301 de la Ville de Montréal qui avait placé une caméra pour enregistrer l'un de ses membres qui parlait en mal de lui. Ou encore à Bernard « Rambo » Gauthier, qui avait été enregistré à son insu par un contracteur. L'« espionnage industriel » existe sous une forme où une autre depuis la nuit des temps, et on y a recours pour des motifs très différents parfois. Pour être en avance sur ses compétiteurs. Pour nuire à ses ennemis. Pour se protéger.

Quoi qu'il en soit, ça m'a bien servi, d'enregistrer tous ces gens qui rôdaient autour de la FTQ-C et du Fonds de solidarité. Ils avaient tous, ou presque, des squelettes dans leurs placards. Mes enregistrements m'ont aussi aidé à reconstruire une certaine chronologie des événements. Enfin, j'ai fait de mon mieux, parce qu'il m'est arrivé un tel concentré de choses invraisemblables qu'il n'est pas impossible que j'aie inversé l'ordre de certaines anecdotes. D'autant plus que, un peu comme d'autres ont du mal à se souvenir du nom des gens, moi, ce sont les dates qui m'embêtent. Vous n'avez qu'à en parler aux enquêteurs et aux procureurs de la commission Charbonneau, pour voir...

Mes premiers enregistrements coïncident avec ma décision de quitter mon ancien local et mon syndicat, le Conseil provincial du Québec des métiers de la construction international (CPQMCI), *alias* l'Inter. C'était il y a une dizaine d'années. À cette époque, j'étais agent d'affaires pour le local 2182, qui regroupe la majorité des mécaniciens industriels de la province, et responsable du placement des membres de la région de Montréal. À ce titre, ma tâche était de négocier avec les contracteurs et les responsables de projets le maximum d'heures de travail pour nos gars.

La première fois que j'ai enclenché mon enregistreuse, je n'avais pas encore annoncé mon départ. Mais ma décision était prise. J'attendais juste le bon moment pour dire au monde que je changeais de camp, en m'efforçant entre-temps de semer le doute dans la tête des gars du 2182. Je voulais les préparer à faire le saut avec moi à la FTQ-Construction au prochain vote d'allégeance syndicale, qui devait se tenir en juin 2006. L'un de mes arguments, en dehors du fait que les dirigeants du local 2182 n'étaient pas assez actifs dans le développement de nouveaux marchés, était que la FTQ-C était une centrale québécoise à 100%. Je pouvais jouer la carte nationaliste parce que l'Inter n'est qu'une filiale d'un syndicat américain, la United Brotherhood of Carpenters and Joiners of America. Pour prouver aux gars que leur bien-être était le dernier souci de nos amis yankees, j'ai téléphoné au siège social, près de Washington, en me faisant passer pour le directeur de mon local.

— *Can I ask who's calling*
— Réjean Mondou.
— *Reggie... who?*

On m'a fait patienter quelques minutes avec de la musique de centre d'achats. Dès l'instant où la réceptionniste m'a annoncé qu'elle me transférait à Douglas J. McCarron, le grand patron, j'ai enclenché mon enregistreuse. Très vite, notre conversation a confirmé ce que je savais déjà. McCarron n'avait pas la moindre idée de qui faisait quoi au Québec, et encore moins au local 2182. Je me souviens d'avoir résumé ce coup de fil aux gars : « C'est de la *bullshit*. Réjean vous fait des accroires. Il dit qu'il est copain avec le *big boss* américain, mais il ne parle même pas anglais. Sérieusement, les gars. Comment pensez-vous qu'il peut défendre vos intérêts s'il ne parle pas l'anglais ? »

Il ne s'agissait pas de me moquer des faiblesses linguistiques du patron du 2182, mais de souligner l'absurdité de la situation. De toute façon, je magane bien trop le français pour rire des autres. Mais ça ne m'empêche pas de parler trois langues : anglais, portugais, français. Quitte à dérouler mon CV, j'aimerais souligner que je suis très fier d'être un diplômé de l'École des métiers de l'Est, un établissement où on enseigne à mes yeux des choses souvent plus intéressantes que dans bien des cégeps. J'ajouterais aussi que j'ai un côté curieux de tout, qui m'a poussé à lire beaucoup et à regarder une tonne de documentaires qui m'ont enrichi de connaissances utiles et inutiles.

Par exemple : pourquoi J. Edgar Hoover, directeur du FBI de 1924 à 1972, était-il aussi redouté ? Parce qu'il avait des dossiers sur tout le monde. Le bon, le mauvais et le laid. Surtout le laid. Je ne suis pas fou du bonhomme, mais c'est peut-être pour ça que, le jour où je me suis retrouvé avec en main une vidéo où on voyait des membres de la FTQ-C se diriger vers un hôtel lavallois en compagnie de demoiselles qui ressemblaient beaucoup à des escortes, j'ai tout de suite su que j'étais en possession de quelque chose qui pourrait me servir en cas de pépin. Le film en question avait été tourné après un « sushi party ». Un des attraits de ces soirées VIP était que les corps nus de jeunes femmes servaient de plateaux ; ensuite, les dirigeants syndicaux, fonctionnaires, contracteurs et autres lobbyistes pouvaient aller assouvir leurs désirs à l'hôtel d'en face.

L'alarme du carrousel à bagages me tire de ma rêverie. Il m'arrive encore de me demander si tout ça en valait vraiment la peine. Sans vouloir enfoncer le clou : à quoi bon se tenir debout si ça nous condamne à l'exil ? À faire des quarts de 14 jours en Alberta entrecoupés de semaines de repos à Montréal. À travailler à quatre mille kilomètres de chez soi – en déportation forcée, comme disent les gens qui me soutiennent depuis que tout a commencé.

Je regarde autour de moi. Une femme d'affaires en tailleur chic bleu nuit se dispute au téléphone. Une agente de bord d'Air Canada fraîchement remaquillée galope vers une sortie. Un enfant attend sa valise en compagnie d'un agent. Il a le regard vide de ces jeunes trimbalés entre deux villes, deux mondes, deux parents. Sur l'écran télé au-dessus du carrousel, on voit les images d'un accident impliquant un poids lourd sur une autoroute locale, qui provoque un embouteillage monstre. Il y a des gens qui se plaignent des bouchons pour entrer à Montréal. Moi, depuis que je suis allé dénoncer les fausses factures de Jocelyn Dupuis à Radio-Canada, je me tape douze heures de transport en commun pour me rendre au travail: taxi, avion, hangar pour voyageurs en transit, avion, autobus. Tout ça parce que j'ai dénoncé le dysfonctionnement interne et les magouilles de la FTQ-Construction. Parce que j'ai dit à voix haute ce que tous les responsables de la centrale, ou presque, savaient. À commencer par les directeurs de différents locaux affiliés à qui j'avais envoyé une vidéo de 52 minutes peu avant la diffusion du reportage d'*Enquête*. J'y démontrais, preuves à l'appui, comment Jocelyn Dupuis falsifiait et gonflait ses factures et ses notes de frais. J'avais tourné cette vidéo dans mon sous-sol avec un ami, qui y avait même inséré quelques effets spéciaux pour mettre une touche d'humour et faciliter la digestion de ces révélations scandaleuses. Scandaleuses, mais surtout incontestables et accablantes. La vidéo illustrait clairement l'ampleur de la fraude. Dès lors, les dirigeants de la FTQ-C ne pouvaient plus faire l'autruche. L'heure était venue d'expulser Jocelyn Dupuis. Pour préserver l'intégrité de la centrale et empêcher ce beau parleur de continuer à s'enrichir sur le dos des travailleurs. Pour le remplacer par quelqu'un de droit. Un vrai syndicaliste.

Le hic, c'est que dénoncer les milliers de dollars dépensés par Jocelyn en danseuses, en alcool et en nourriture n'a servi à rien. Parce que rien n'a réellement changé depuis. Sauf que je n'ai plus le droit de travailler au Québec. Je suis *persona non grata* sur tous les chantiers de la province depuis que la FTQ-C a dissous le local que je dirigeais, le 1981. C'était celui des mécaniciens industriels, qui font un métier de précision qui n'a rien à voir avec le travail de ceux qui construisent ou rénovent des maisons. Les mécaniciens industriels assemblent et entretiennent les pièces maîtresses des grandes usines (turbines, convoyeurs, pompes, etc.). Ils travaillent dans les complexes métallurgiques et hydroélectriques, par exemple. Ou dans des raffineries comme celle de l'Imperial Oil, où je travaille en ce moment, à Cold Lake, en Alberta.

Je vais poursuivre un peu cette parenthèse, parce qu'elle est fondamentale pour mieux comprendre toute cette histoire : si mon corps de métier est méconnu du grand public, il n'en demeure pas moins essentiel au bon fonctionnement de nos principaux établissements industriels. Lorsqu'on me demande d'expliquer en quoi il consiste, je réponds toujours par la même métaphore : une raffinerie, c'est comme un corps humain où, à la place des vaisseaux sanguins, il y a des tuyaux, et à la place du cœur, il y a des moteurs et des turbines. Les mécaniciens industriels installent, ajustent et maintiennent en bon état le cœur de ces usines. Ils revendiquent haut et fort le droit de s'occuper de tout ce qui se rattache de près ou de loin à ce qu'ils ont la responsabilité d'assembler, d'aligner, de calibrer. Cela ne veut pas dire que ceux qui installent les tuyaux ou coulent le ciment sont moins importants, mais sans un cœur qui bat la bonne mesure, à quoi bon s'inquiéter des vaisseaux ? C'est le même principe que si j'avais un téléphone à installer. Je n'exigerais pas seulement d'être en charge de brancher le combiné, mais aussi d'installer la prise qui relie l'appareil au mur, le filage intérieur et les boîtes de connexion extérieures. Tout ça pour m'assurer que le bon fonctionnement de l'appareil ne dépendra pas de mille et un intervenants qui se rejetteront le blâme au moindre pépin.

Les bagages arrivent enfin. Une à une, les valises viennent percuter le rebord du tapis roulant métallique. Les gens commencent à se bousculer, comme si ça pouvait accélérer les choses. En attendant mon bagage, je compte sur mes doigts le nombre d'allers-retours que j'ai effectués entre le Québec et l'Alberta depuis le début de l'année. Avril n'est même pas encore fini et j'en suis déjà rendu à six. Du coup, je réalise que je n'ai pas le courage de faire le décompte du total depuis que j'ai commencé à travailler sur de grands chantiers dans l'Ouest, en 2010. Comme celui de la Williams à Redwater ou de la Suncor à Fort McMurray. «Fort McMoney», comme disent les étrangers qui y travaillent, est la véritable plaque tournante du pétrole albertain. Cette ville de près de 80 000 habitants est située sur le 56e parallèle, soit à la même hauteur que Kuujjuaq, au Nunavik. Cela fait donc près de cinq ans que je travaille à deux pas du pôle Nord. Cinq ans qu'un autobus de la Greyhound me mène d'Edmonton à un chantier albertain.

Une fois assis dans le bus, je sors de mon sac le *Journal de Montréal* que j'ai récupéré sur le siège de mon voisin lors du transfert à Calgary. Je n'ai pas pu m'empêcher de le prendre: il y avait une photo de Jocelyn Dupuis en première page. Jocelyn, «le diable», comme le surnommaient les gars de mon local. J'ai longuement regardé le crâne rasé et le sourire carnassier de l'homme qui m'avait recruté à la FTQ-C en 2005. Ça m'a encore rappelé à quel point il m'en avait fait miroiter. J'allais enfin pouvoir faire reconnaître mon métier de mécanicien industriel à sa juste valeur et augmenter le nombre d'heures travaillées de mes gars, les mécaniciens industriels qu'il m'avait demandé de recruter à l'Inter pour qu'ils se joignent à la FTQ-Construction, afin que cette dernière atteigne la majorité de la représentation syndicale au scrutin provincial de juin 2006. C'était un enjeu de taille: la centrale qui détient la majorité des membres a le gros bout du bâton dans les négociations avec la partie patronale. Ça lui donne le pouvoir de signer des ententes avec ou sans l'accord des autres centrales.

Je relis l'article de l'agence QMI et je pense à tous les journalistes et chroniqueurs avec qui j'ai échangé au cours des dernières années: Marie-Maude Denis, Alain Gravel, Paul Arcand, Claude Poirier, Paul Larocque, Kathleen Lévesque, Brian Myles, Fabrice de Pierrebourg... C'est un drôle de milieu, le journalisme. On y trouve vraiment de tout. Mais, j'ai beaucoup de respect pour la grande majorité des gens qui y travaillent. Sans leur vigilance, sans leur entêtement, mon histoire aurait probablement été étouffée, et la commission Charbonneau n'aurait jamais existé.

L'autobus s'engage sur l'autoroute 63. Il me reste plus ou moins trois heures de route avant d'arriver à Cold Lake. Trois heures de route plates avant de retrouver ma chambre de six pieds par quatorze, ma petite télé couleur, mon lit de camp, ma table de nuit, mon armoire-vestiaire et... pas de toilettes. En fait, le village de travailleurs où je loge quand je suis dans l'Ouest se résume à un amas de baraques provisoires qui ressemble à une grappe de conteneurs. Un ensemble de constructions temporaires où les toilettes, les douches et les cuisines sont communautaires. Un endroit sans charme. Un camp pour travailleurs qui, lorsqu'ils regardent à travers la seule fenêtre de leur chambre, ne voient que des terrains boueux cernés de clôtures grillagées. Des enclos remplis de tuyaux de toutes tailles et de toutes formes, de matériel de construction, des camions géants, des citernes, des chariots élévateurs... Pour ne rien arranger, l'internet n'est jamais vraiment fiable sur le chantier. Cold Lake accueille la plus grande base de l'armée de l'air canadienne et les ondes radio sont toujours ou presque saturées.

Je lève les yeux du journal le temps de regarder par la fenêtre de l'autobus. L'horizon s'agrandit à vitesse grand V dès qu'on s'éloigne d'Edmonton. Bientôt, il n'y aura plus que des prairies à perte de vue. Des espaces immenses où errent ici et là des élevages bovins. La terre est plate comme une crêpe et quadrillée de routes secondaires sillonnées par des pick-up plus énormes les uns que les autres.

L'article du *Journal de Montréal* relate les propos de Rénald Grondin, le directeur de l'Association des manœuvres interprovinciaux, affiliée à la FTQ-C. J'ai beau savoir de quoi ces gars-là sont capables, leur insolence me surprend à chaque fois : « Tous les membres de l'exécutif de la FTQ-Construction savaient que Jocelyn Dupuis gonflait ses comptes de dépenses et [...] personne n'y voyait de problème. »

Personne ? Je ne serais pas dans un autobus, dans un coin perdu de l'Alberta, si je n'y avais pas vu un problème, il me semble.

« On avait chacun sa façon de faire ; si les choses sont comme ça, on ne réinvente pas la roue et on continue à rouler. » Sacré Grondin. Comme Jocelyn Dupuis et compagnie, il sera toujours prêt à tout pour sauver ses fesses.

« C'était comme ça depuis des années... »

Ah bon ? Jocelyn Dupuis ne m'avait pourtant jamais parlé de ses comptes de dépenses sous stéroïdes le jour où il m'a recruté pour devenir directeur du local 1981. C'est facile à dire aujourd'hui, mais j'aurais dû être plus méfiant. Surtout après qu'il m'ait invité dans un club de danseuses sur le bord de l'autoroute 10, près de Chambly. Après avoir fait verrouiller la porte d'entrée, il m'avait indiqué que ce n'était pas uniquement le bar qui était *open*.

Quand j'y repense, quitte à passer vraiment pour un naïf, je dois dire que je ne savais pas du tout dans quoi je m'embarquais à l'époque. Pour moi, tout était clair : j'avais quitté mon local à l'Inter pour rejoindre la FTQ-C en 2005 parce que la direction du 2182 manquait de dynamisme. Je voulais que le local démarche plus activement les employeurs potentiels et qu'il développe le marché des convoyeurs industriels dans la région de Montréal, par exemple. Je voulais que nos gars travaillent plus d'heures et gagnent mieux leur vie. Jamais je n'aurai imaginé me retrouver dans un tel panier de crabes à la FTQ-C. Je ne m'attendais pas non plus à me retrouver un jour assis à table avec des Hells et des producteurs de cinéma. Et j'entrevoyais moins encore que la Sûreté du Québec m'offrirait sa protection ou qu'en pleine commission Charbonneau, je recevrais le coup de téléphone d'un ancien DG du Fonds de solidarité – il souhaitait me parler, mais « après la Commission ».

Avoir des principes ne fait pas de moi un ange. Il m'est arrivé d'être un peu provocateur et « Rambo », à l'occasion. D'un autre côté, comment être un représentant syndical efficace sans jouer aux gros bras de temps en temps ? C'est ce qui te permet d'être pris au sérieux. De faire passer ton message. D'être respecté sur les chantiers. C'est notre manière de défendre nos gars contre les patrons trop pressés ou trop gourmands, et d'empêcher aussi les autres corps de métiers de nous voler du travail. Parce qu'il ne faudrait pas croire que les métiers de la construction sont solidaires entre eux. Chaque corps de métier se bat pour obtenir un maximum d'heures pour ses hommes. Peu importe s'ils empiètent sur le terrain des autres. C'est pour ça qu'il est important d'avoir des représentants qui se tiennent debout sur les chantiers.

Je n'ai pas réussi à le faire pour les mécaniciens industriels qui ont eu l'audace de me suivre à la FTQ-C. Parce que, dès l'instant où les gars ont quitté l'Inter pour rejoindre mon nouveau local, le 1981, ils ont été considérés comme des combattants ennemis par leur ancien local. Du jour au lendemain, ces hommes qui m'avaient fait confiance ont été qualifiés de traîtres et se sont retrouvés sans travail. Je ne m'attendais pas à ce que la transition se fasse en douceur, loin de là. Mais je ne m'attendais pas non plus à ce que le directeur du local 2182 réagisse aussi violemment, et menace de représailles les contracteurs qui oseraient embaucher mes gars sur leurs chantiers.

Et, pendant que Réjean Mondou était sur le pied de guerre et que mes hommes n'avaient plus de travail, celui qui m'avait recruté en m'assurant le soutien inconditionnel de la FTQ-C continuait à dépenser sans compter l'argent de nos travailleurs dans les restaurants.

Je tiens à souligner une chose : j'ai d'abord cherché à régler les histoires de fausses factures à l'interne. Parce que j'ai toujours adhéré à la notion de hiérarchie. Jocelyn Dupuis m'avait proposé de venir à la FTQ-C et de fonctionner dans un certain cadre. Mais, le jour où j'ai réalisé qu'il ne respectait pas ses engagements et que, pire encore, il faisait tout pour me mettre des bâtons dans les roues, je suis allé voir les hauts dirigeants de ma centrale. Quand ces derniers ont cherché à noyer le poisson, je suis allé plus haut, pour rencontrer Michel Arsenault, le président de la FTQ. Constatant qu'il n'avait pas le courage de faire le grand ménage, je suis allé frapper à la porte du ministère du Travail. En vain.

Alors, quand Alain Gravel, le journaliste responsable de l'émission *Enquête* à Radio-Canada, m'a contacté, j'étais prêt à tout faire éclater au grand jour. L'honneur et le gagne-pain de mes gars étaient en jeu. Je n'avais plus le choix : c'était inacceptable, et personne ne semblait vouloir que les choses changent.

Avec le recul, il est tout de même ironique de voir que, pour vraiment attirer l'attention des médias sur la collusion dans le placement syndical, il ait fallu une histoire de fraude et de soirées bien arrosées dans des restaurants mafieux. Il faut croire que la discrimination et l'intimidation sur les chantiers sont moins « sexy » que les dérapages du directeur général de la plus grande centrale syndicale du Québec...

Je laisse mon regard parcourir les plaines qui s'étendent de chaque côté de la 63. J'écoute le moteur de l'autobus en pensant au chemin parcouru, de la diffusion de l'émission sur les fausses factures de Jocelyn Dupuis au moment où on a finalement porté des accusations de fraude et de fabrication de faux contre lui. Cinq ans se sont encore écoulés avant qu'il ne soit jugé coupable. Et voilà que, encore cinq ans plus tard, je tombe par hasard sur cet article de journal, et je ris. Je rigole à voix basse devant toute cette hypocrisie. Ce sont encore les hommes à Jocelyn qui dirigent la FTQ-C, et ceux qui gouvernent le savent très bien. Je ris, en attendant le dépôt du rapport de la commission Charbonneau. Dans l'autobus, il y a des hommes qui murmurent et qui ronflent. Des travailleurs exilés, volontairement ou pas, qui viennent d'un peu partout sur la planète pour travailler comme moi dans le nord de l'Alberta. Ils ont quitté la Pologne, l'Allemagne, la Russie, l'Angleterre, pour venir dans un endroit souvent déprimant avec ses journées de dix-sept heures en été et de sept heures en hiver. Mais cet endroit demeure le Klondike du nouveau millénaire. Un équivalent de notre Baie-James. En plus huileux, et en plus riche.

L'autobus roule depuis deux heures déjà, et je pense encore à cette histoire de fausses factures. La FTQ-C affirme toujours que Jocelyn Dupuis n'a rien volé. Rien? Je me vois encore en train d'étaler ses fausses factures sur le bureau de Michel Arsenault, le président de l'époque. Je revois la panique dans ses yeux, au moment où il a « allumé » et ordonné à sa secrétaire d'annuler tous ses rendez-vous. Je l'entends encore me demander pourquoi je n'étais pas allé voir directement les gars de mon exécutif.

— Parce qu'ils en profitent tous...

Une autre différence entre les mécaniciens industriels qui travaillent sur de grands chantiers comme celui de l'Imperial Oil et les travailleurs de la construction résidentielle, c'est qu'il nous est pratiquement impossible de travailler au noir. Tu ne peux pas être payé sous la table quand tu installes une turbine. Tu ne peux pas tourner les coins ronds quand tu assembles un oléoduc. Les risques de provoquer des catastrophes, écologiques notamment, sont bien trop importants. Les enjeux financiers aussi. Du coup, tout doit être fait dans les règles de l'art. Même la facturation. Je ne sais pas si j'aurais été aussi « incorruptible » si j'avais travaillé dans le milieu résidentiel, où c'est bien souvent les clients qui exigent de payer au noir. Mais la vie a voulu que je devienne mécanicien industriel. C'était le métier de mon père.

C'est d'ailleurs lui qui m'a donné la piqûre de l'action syndicale et fait comprendre l'importance de protéger et de défendre les droits des travailleurs. C'est aussi de mon père, et de ma mère, que j'ai hérité mon libre arbitre et ma force de caractère. Mes parents ont quitté le sud du Portugal pour s'installer au Canada en 1956, dans l'espoir de vivre une meilleure vie. Ils se sont arrêtés un moment à Baie-Comeau, avant de s'installer définitivement à Montréal, où ils ont cherché à s'intégrer le plus rapidement possible. S'intégrer, pour eux, n'était pas synonyme de soumission. Non, tu ne quittes pas une dictature pour te faire mener par le bout du nez. Le curé de notre paroisse a été l'un des premiers à s'en rendre compte le jour où il a voulu imposer à mes parents les deuxièmes prénoms de Marie et de Joseph au moment de baptiser leurs enfants. Ils ont refusé net. Bien qu'ils viennent tous les deux de familles catholiques, il était hors de question que leurs enfants portent les prénoms de Joseph et Marie. Même si c'était pour ainsi dire obligatoire dans le Québec de l'époque. S'intégrer, oui. Se soumettre, jamais. C'est pourquoi je m'appelle Ken et que ma sœur s'appelle Nancy. Tout court. Il était important pour mes parents que leurs enfants aient des prénoms à consonance canadienne, mais aussi qu'ils parlent le français. À leur façon, donc, mes parents étaient des rebelles.

C'est mon père qui a construit la résidence où j'ai grandi, dans Nouveau-Rosemont. C'est une maison de briques sur une petite rue collée au cimetière de l'Est où s'est ensuite installé un personnage important de l'histoire montréalaise: Frank Cotroni, le célèbre caïd de la mafia. Sa maison était la seule, dans le coin du cimetière, à n'avoir jamais été cambriolée...

C'est dans ce cimetière que, assis au pied d'un grand chêne, j'ai bu mes premières bières, embrassé mes premières filles. Aujourd'hui encore, il est divisé en deux. Une section pour les gens d'origine modeste, et l'autre, pour les familles plus riches. C'est dans celle-là que plusieurs grandes familles italiennes ont des mausolées plus imposants que des bungalows.

Des familles italiennes contrôlaient les petits cafés à l'époque. Surtout ceux situés aux abords des centres d'achats qui poussaient comme des pissenlits autour des rues Rosemont et Beaubien. Le quartier était en pleine effervescence, et il se tramait toutes sortes de choses dans ces cafés qui alimentaient les rumeurs et la réputation sulfureuse des Italiens de Montréal.

J'aurais pu, dès l'âge de 15 ans, arrondir mes fins de mois en livrant des enveloppes brunes d'un café à l'autre, comme la plupart de mes copains le faisaient. Mais, sans trop savoir pourquoi, j'ai toujours refusé. J'aime à penser que mes parents m'ont inculqué d'autres valeurs, qu'ils m'ont appris à savoir quand dire non. Non à la triche et aux mensonges. Non à l'argent sale. Même quand ce n'est pas facile. Même quand ça t'oblige à devenir *general foreman* à l'autre bout du pays.

CHAPITRE II

La vérité, c'est que je n'ai jamais eu le choix de me tenir debout. On n'était que deux élèves d'origine portugaise dans mon école primaire, une école anglophone surpeuplée d'Italo-Canadiens, où il m'a vite fallu apprendre à me défendre. En passant, je ne sais pas quel génie avait eu la bonne idée de construire une école secondaire francophone et un *high school* anglophone dos à dos sur le même pâté de maisons ? Surtout dans le Québec des années 1970, alors que les Anglos et les Francos étaient plus que jamais à couteaux tirés. Ils auraient dû prévoir un peu plus qu'une simple clôture Frost pour contenir les tensions entre les deux communautés (imaginez un peu l'intensité des batailles de boules de neige...).

En dehors des jambettes et des claques sur la gueule pendant la récré, l'autre grand irritant de mon adolescence était aussi de nature linguistique. Parce que mes amis anglophones (de mon école) et mes amis francophones (qui habitaient sur ma rue) se braquaient tour à tour contre moi selon la *gang* que je côtoyais. C'est peut-être dans ces moments de déchirement que j'ai développé ma tête de cochon ! Je refusais d'avoir à choisir entre un ami et un autre. Je préférais rentrer à la maison le cœur à l'envers plutôt que de me laisser dire quoi faire.

Ma tête dure m'a bien servi quand, des années plus tard, je me suis retrouvé sur mon premier chantier de construction.

Mon père m'avait inculqué les grands principes du syndicalisme à l'heure des soupers familiaux, mais c'était surtout le
sentiment d'appartenance qui m'attirait à ma sortie de l'école
des métiers de l'Est. Je faisais désormais partie d'un local. On
avait nos écussons, nos *patchs,* comme on disait fièrement.
On travaillait ensemble. On se serrait les coudes. C'étaient des
valeurs auxquelles il m'était facile d'adhérer puisqu'elles col-
laient à merveille à celles des sports que j'avais pratiqués pendant mon enfance : le hockey, le baseball et le football. Ces
années à courir, cogner, rire, souffrir et pleurer avec mes coé-
quipiers avaient forgé mon caractère et développé ma vision
du travail d'équipe. Mais la notion d'équipe n'est pas exactement la même quand vient le temps de faire vivre sa famille.
C'est ce que j'ai découvert sur mon premier chantier, à Sorel,
en 1986, dans un complexe métallurgique. Des ouvriers du
coin manifestaient contre le fait que des travailleurs syndiqués de Montréal, comme mon père et moi, faisaient jusqu'à
80 km matin et soir pour venir leur piquer du boulot. C'est
sur ce chantier de la QIT (aujourd'hui Rio Tinto) que j'ai eu
pour la première fois à choisir mon camp, à clarifier ma défi-
nition du mot solidarité et à la mettre en pratique. J'ai découvert ce jour-là à Sorel que le syndicalisme, ce n'était pas tirer
la couverture à soi, mais défendre le droit de tous les travailleurs qui avaient décidé de chausser des caps d'acier pour
vivre.

Je n'ai pas eu le choix de prendre parti pour les gars de la
région. Même si j'avais besoin de travailler. Même si j'étais
dans mon droit. Comme les gars de la Montérégie étaient eux
aussi dans leur droit et qu'ils étaient chez eux, je n'avais pas à
leur prendre leur boulot. J'étais tellement convaincu de la jus-
tesse de leur revendication que j'ai réussi à persuader mon
père, qui travaillait alors comme régulier (un « 12-12 » dans le
jargon du métier) pour l'un des principaux entrepreneurs sur
le chantier. Mon père, qui m'avait fait entrer comme apprenti
dans sa boîte, a accepté de quitter le chantier par respect envers

des gars qu'il ne connaissait même pas personnellement. Par principe, et même s'il savait qu'il allait en subir les conséquences. Ce qui n'a pas tardé. La Kingston Mécanique l'a aussitôt mis sur sa liste noire et barré de ses chantiers pendant des semaines. Il ne me l'a jamais remis sous le nez, soit dit en passant. Parce que pour lui, la cause est toujours plus importante que l'individu : « Sinon, c'est n'importe quoi, Ken. Un *free-for-all* dans lequel personne ne gagne... sauf les boss. »

C'est vrai, sinon, c'est n'importe quoi. C'est ce que j'essayais de faire comprendre, vingt ans plus tard, à Eugène Arsenault, un des actionnaires de Ganotec. Ça remonte au début des années 2000. Il pétait sa coche parce que je refusais de laisser mes gars travailler sans masque respiratoire. Je lui disais : « Pourquoi est-ce que mes gars devraient travailler sans masque durant des heures si les ingénieurs chargés de vérifier la qualité de l'air, eux, n'osent pas entrer cinq minutes dans le vaisseau sur lequel ils travaillent sans respirateur ? »

Je me souviens encore d'avoir demandé à Arsenault de m'expliquer sa logique devant les représentants de SNC-Lavallin chargés de superviser la réalisation des travaux. (Je parle ici du même Eugène Arsenault que j'allais enregistrer deux ans plus tard afin de prouver que sa compagnie refusait d'embaucher mes gars parce qu'il ne voulait pas avoir de problèmes avec le local 2182 de l'Inter.) « Explique-moi pourquoi les poumons des ingénieurs seraient plus importants que ceux de mes gars ? »

Comme sa réponse était inacceptable, Eugène Arsenault ne me laissait pas le choix : il fallait faire fermer la job. Le premier jour, seuls mes gars, soit environ 75 mécaniciens industriels, ont arrêté le travail. Et puis, des travailleurs de beaucoup d'autres corps de métier ont suivi par solidarité.

C'est pendant ce conflit que Jocelyn Dupuis, de la FTQ-Construction, est venu me sonder pour la première fois. Directeur général de la plus grande centrale syndicale du

Québec, Jocelyn était un personnage incontournable du monde de la construction. Un leader reconnu qui avait des contacts avec tous les acteurs importants du milieu. Contracteurs, firmes d'ingénierie, etc., tout le monde le connaissait. Il avait une grande gueule, mais il avait un charisme incontestable.

« Tes gars se feraient bien plus respecter s'ils étaient affiliés à une centrale québécoise à 100 %. » Il me regardait avec un sourire en coin. Il faisait allusion au fait que l'Inter n'était en fait qu'une filiale provinciale d'un syndicat *made in USA* dont les dirigeants et l'immense majorité des 14 millions de membres sont déconnectés de la réalité québécoise.

Il m'avait dit ça à la blague, mais je n'étais pas totalement en désaccord avec lui.

Jocelyn Dupuis est revenu à la charge au printemps 2005 au Houster, un repaire de gars de construction en bordure du boulevard Métropolitain Est qui a depuis changé de nom. Les membres de plusieurs locaux, dont le mien, se retrouvaient souvent là-bas pour manger ou prendre une bière. Certains y allaient aussi pour regarder des matchs de hockey.

À titre d'agent d'affaires pour l'Inter, il m'arrivait assez souvent de croiser Jocelyn Dupuis. Dans les congrès, sur les chantiers... ou au Houster. On se connaissait de vue et de réputation. On était tous les deux reconnus pour être des gars qui aimaient bien brasser la cage. Évidemment, en tant que militant syndical, j'étais loin d'avoir le pouvoir que Jocelyn avait en tant que DG de la FTQ-C, mais j'étais tout de même capable de faire arrêter des jobs. Comme celle d'Interquisa, où son frère Serge était aussi représentant syndical. J'ai d'ailleurs toujours pensé que c'était lui qui avait mis Jocelyn au parfum de mes histoires de masques avec Ganotec.

J'étais conscient que Jocelyn n'avait rien fait de plus que de me picosser en me disant que mes gars seraient mieux à la FTQ-C. Mais je n'étais pas insensible à l'argument qu'un syndicat vraiment québécois devrait être en mesure de mieux défendre les travailleurs du Québec qu'une centrale américaine. Du coup, quand il m'a relancé au Houster, j'étais curieux de l'entendre argumenter sa position. D'autant plus que cela faisait déjà un petit moment que je remettais en question la manière de faire de mon local. Ce qui était un secret de polichinelle. Tout le monde au local 2182 savait que j'étais de plus en plus exaspéré par le manque de vision de notre directeur, Réjean Mondou. En fait, je le trouvais passif. Son attitude me choquait. Surtout quand je songeais que c'était lui qui nous avait fait quitter la FTQ-C vingt ans plus tôt, sous prétexte qu'elle défendait mal nos intérêts. Et je voyais bien aujourd'hui que l'Inter ne nous défendait pas mieux. En fait, les membres de notre exécutif s'étaient tellement embourgeoisés dans leurs habits de leaders syndicaux au cours de ces années qu'ils pensaient plus à conserver leurs acquis (bureau climatisé, compte de dépenses, budget auto, etc.) qu'à défendre leurs membres. Au passage, il faut savoir qu'il serait honteux pour bien des dirigeants syndicaux de se retrouver à nouveau simple travailleur sur un chantier. Pensez-vous que Jocelyn Dupuis, par exemple, qui est un ancien grutier, avait envie de remonter en haut de sa tour métallique de huit étages avec son « seau à marde » ? Lui qui roulait désormais sur l'or et invitait ses camarades à manger et à boire comme des éponges sur le bras des travailleurs ?

Mais je ne savais rien de tout cela quand il m'a accosté au Houster. Ce n'était pas la première fois qu'il me faisait envoyer un verre dans cette brasserie aux serveuses sexy. En l'écoutant, j'ai vite su qu'il était très au fait de ce qui se tramait à l'Inter. Il m'a raconté qu'il savait que Pierre Labelle, le directeur général de l'Inter, m'avait promis un poste d'adjoint au DG, et que Réjean Mondou, le directeur de mon local, m'avait encouragé à accepter. Il était même au courant qu'on était allé fêter ça ensemble au restaurant Bâton Rouge des Galeries d'Anjou. Il savait aussi pourquoi c'était Daniel Gagné, un représentant du local 711, celui des monteurs d'acier, qui avait finalement hérité du poste. Parce que l'Inter avait appris entre-temps qu'il pensait passer à la FTQ-C et avait estimé que la meilleure façon de le retenir était de lui donner la promotion. C'est le genre de tour de passe-passe qui arrive souvent dans le monde syndical. Tu boudes un peu, tu fais semblant que tu as été approché, tu menaces de changer de camp et puis, abracadabra! Tu montes en grade. C'est ce qu'on appelle du corporatisme syndical. Ou du guidounage. Le genre de chose qui se fait dans le privé, mais qui n'a pas sa place dans un syndicat. Enfin, pas dans un vrai.

J'apprendrai par la suite que Réjean Mondou m'incitait à prendre le poste parce qu'il cherchait à se débarrasser de moi. J'étais trop revendicateur à son goût. Pourtant, c'est normal de transmettre ses doléances à son supérieur, non? J'ai toujours respecté la chaîne de commandement en allant voir d'abord mon supérieur direct. Mais si les choses ne bougent pas, il m'apparaît logique d'aller voir son boss, et puis le boss de son boss. Parce que la vie est trop courte pour tolérer un *statu quo* inacceptable.

Une des serveuses du Houster s'assure qu'il ne nous manque rien alors que Jocelyn commence à m'expliquer qu'il a eu vent de mon découragement de toujours entendre les gars de mon local se plaindre qu'ils n'étaient pas assez respectés par les autres corps de métier (les tuyauteurs ou les monteurs d'acier, notamment). Je lui ai répondu que ce n'était pas faux, mais que mes gars n'avaient pas tort parce que, dans la charte américaine de notre syndicat, notre métier était souvent sous la même juridiction que les charpentiers et menuisiers. Je ne veux pas jouer la princesse, mais les mécaniciens industriels travaillent avec des outils de précision (des micromètres, des pieds à coulisse ultra-précis, des lasers). Ils font de l'arpentage de manière plus précise que les géomètres. Ça n'a vraiment aucun rapport avec des scies et des marteaux. Les gens des autres métiers nous envient de faire l'installation des moteurs ou des turbines sous des tentes chauffées en hiver. Mais ils oublient (ou ignorent) que la température extérieure change les données des mesures. On construit de grands chapiteaux pour maintenir les pompes à la bonne température de façon à aligner correctement les conduits. Ce n'est pas du camping tout confort. C'est pour la précision de l'alignement (mais tant mieux si on a plus chaud).

J'ai regardé autour de moi. La place était à moitié pleine. Mis à part les serveuses, il n'y avait que des gars de construction, surtout des gars de l'Inter. Je me souviens que Jocelyn m'a dit quelque chose dans le genre :

— C'est dans la nature de l'homme de s'apitoyer sur son sort, non ?

— Peut-être. Mais, moi, je viens d'avoir 40 ans et j'ai envie faire bouger les choses.

Et c'est à ce moment-là qu'il m'a dit qu'on devrait aller manger ensemble. Aller manger avec le directeur général de la FTQ-Construction ? Faire bouger les choses ? L'une des filles est passée à côté de nous en roulant des hanches.

— Pourquoi pas...

On s'est retrouvés quelques jours plus tard au Mikes de la Place Versailles. Pour être honnête, je ne sais pas si je me sentais flatté ou un peu Judas d'être assis là. J'étais un peu inquiet, en tout cas. N'importe qui de l'Inter aurait pu entrer dans le restaurant et me voir avec Jocelyn ; la machine à rumeurs se serait aussitôt emballée. Pereira, du local 2182, en train de manger avec le DG de la FTQ-C ? Ken à table avec notre pire ennemi, à moins d'un an du scrutin provincial ? Il n'en faudrait pas plus pour déclencher une tempête. La fidélité syndicale est au moins aussi complexe que la fidélité amoureuse dans le monde de la construction. Quitter son local, c'est comme divorcer. Pire... c'est la guerre.

Jocelyn m'a expliqué la stratégie de sa centrale. La FTQ-C plafonnait autour de 44 % de représentativité syndicale depuis des années (l'Inter était à 25 %, alors que les trois autres centrales, la CSD, la CSN et le SQC, se partageaient le reste des membres). Pour atteindre la majorité absolue et ne plus avoir à faire d'alliances avec d'autres syndicats – comme celle du Conseil conjoint, une entente avec l'Inter – Jocelyn, en plus d'avoir recruté Alain Pigeon, le gérant d'affaires du local 116 (ferblantiers et couvreurs) en janvier 2006, avait obtenu le feu vert pour ouvrir quatre nouveaux locaux afin d'aller chercher les points de pourcentages qui manquaient à la FTQ-C pour obtenir le fameux 50 % + 1.

La stratégie de la FTQ-C était ambitieuse, mais elle avait le mérite d'être claire : la centrale voulait avoir les coudées franches pour négocier les prochaines conventions collectives avec la partie patronale. Plus je discutais avec Jocelyn, plus je me disais qu'il serait vraiment possible de faire bouger les choses si j'étais à la FTQ-C. J'avais déjà un certain pouvoir à l'Inter. J'étais non seulement l'un des agents d'affaires les plus en vue de la région de Montréal, mais mon local, le 2182, regroupait 83 % des 2000 mécaniciens industriels du Québec. C'était peu par rapport aux 8000 tuyauteurs du 144, ou encore aux 15 000 électriciens de la FIPOE de Jean Lavallée. Mais syndicalement, le nombre absolu n'est pas si important que ça. La représentativité joue beaucoup. Par ailleurs, j'en étais aussi arrivé à la conclusion que Réjean Mondou ne se préoccupait plus vraiment de savoir si les gars de son local travaillaient suffisamment d'heures pour joindre les deux bouts. Alors que cela était la première des priorités pour moi, puisque j'étais le responsable du placement au sein de mon local. C'était moi qui devais équilibrer les heures entre les gars de façon à ce qu'ils travaillent de façon équitable et aient accès au chômage au besoin. En moyenne, un mécanicien industriel gagnait 35 $ de l'heure et travaillait 1300 heures par année. Certains gars accumulaient jusqu'à 2000 heures de travail, alors que d'autres, dans une même région, n'en faisaient que 600. Le nombre d'heures travaillées était l'un des aspects que je tenais mordicus à améliorer. Je voulais rencontrer les

directeurs d'usines pour leur proposer que mes hommes s'oc-
cupent d'installer des convoyeurs, par exemple, et je poussais
pour étendre notre juridiction dans le secteur commercial. Je
misais beaucoup sur ça pour augmenter les heures de mes
gars. Sauf que mon responsable, lui, n'y croyait pas. J'étais
coincé l'arbre et l'écorce. Et depuis un bon moment déjà.

Au plus fort de son opération de charme, Jocelyn m'expliquait
qu'il m'aurait bien vu relancer le local 1981. Je lui expliquai
alors que je connaissais très bien l'histoire de ce local. Mon
père avait été l'un de ses membres fondateurs et c'est le premier local auquel j'ai appartenu.

Je me suis presque laissé emporter par l'émotion. Je lui ai
presque dit que retourner à la FTQ-C après avoir passé près
de vingt ans à l'Inter serait comme renouer avec mes racines.
J'étais entré à la FTQ-C en 1986 pour en ressortir en 1991
parce qu'elle ne défendait pas suffisamment les intérêts des
mécaniciens industriels. Réjean Mondou, qui était alors directeur du local 1981, nous avait promis en quittant la FTQ-C
que cela ne serait que temporaire et qu'on réintégrerait la
centrale le plus tôt possible. Il ne faut pas oublier que pour
nous, à l'époque, l'Inter était le diable. Au point qu'on fuyait
comme la peste tous ceux qui portaient son écusson. Et puis,
un jour, Réjean nous a demandé de le suivre à l'Inter pour le
bien de notre métier. Comme tous les gars, je l'ai fait par
solidarité. Plusieurs d'entre nous étaient tout de même curieux de voir comment un syndicat américain pourrait mieux
nous défendre.

Vingt ans plus tard, j'étais toujours à l'Inter, où je remâchais
encore cette question. Entre-temps, Réjean Mondou était devenu le grand manitou du local 2182. Il nous promettait sans
cesse que les choses allaient changer bientôt, mais, dans les
faits, il ne faisait que perpétuer le *statu quo*. Notre métier ne
progressait pas et les mêmes problèmes resurgissaient constamment. Il nous arrivait parfois de lui rappeler sa promesse de

retourner à la FTQ-C, mais il nous répondait chaque fois que ce n'était pas le bon moment. Les bons moments se font rares quand on devient directeur de local. La plupart des responsables de locaux souffrent de la même maladie: ils ont peur de perdre le contrôle de l'argent des cotisations accumulé dans les différents comptes de banque de leur local. Des comptes auxquels seule une poignée d'individus, les directeurs, ont accès. C'est bien dommage, mais c'est le plus souvent l'argent des cotisations qui entretient le *statu quo* au sein du mouvement syndical. Parce que ceux qui y ont accès veulent à tout prix protéger le pouvoir et les avantages qu'il leur procure.

C'est pourquoi la proposition de Jocelyn, celle de devenir le patron de mon propre local à la FTQ, avec l'autorité de mettre en place une structure à la fois transparente et démocratique, m'apparaissait si attrayante. Il était entendu que j'aurais les mains libres pendant les trois premières années. J'allais avoir trois ans pour construire un local fidèle à mes valeurs, et fidèle à ses membres. « Tu vas pouvoir faire ce que tu veux », me disait Jocelyn.

Ce que je veux? Non, ce dont j'avais toujours rêvé. Faire reconnaître mon métier au sein de l'industrie et défendre l'accès aux chantiers pour mes gars au sein d'un local dont mon père avait été l'un des fondateurs. Un local qui, fort du soutien de la plus grande centrale du Québec et de l'appui de son richissime Fonds de solidarité, ne pourrait que mieux défendre les intérêts de ses membres. Et cela, à un moment où les écoles qui forment les jeunes mécaniciens industriels en reconnaissent de plus en plus la valeur et la polyvalence. De fait, plus mon métier sera reconnu à sa juste valeur, plus il sera facile de convaincre les autres corps de métier de ne plus chercher à voler nos jobs. Et ce sera la même chose avec les contracteurs qui, trop souvent, ne respectent pas les règles d'attribution de tâches pour se mettre plus d'argent dans les poches. En facturant à leurs clients le tarif de mécaniciens industriels par exemple, alors que le travail est effectué par des travailleurs moins qualifiés. C'est ce genre de magouilles qui, entre autres, entraîne tant de surcoûts. Parce qu'il faut trop souvent refaire un boulot non conforme ou mal réalisé. D'où l'importance de faire travailler les bons ouvriers aux bons endroits. Je restais tout de même curieux :

— Pourquoi la FTQ soutiendrait-elle mieux les mécaniciens industriels aujourd'hui qu'elle ne l'a fait dans les années 1980 ?

Du tac au tac, Jocelyn m'a répondu que la FTQ était encore toute jeune à l'époque, et qu'elle n'avait pas les moyens qu'elle possédait aujourd'hui, forte de ses 500 000 membres et des milliards de dollars du Fonds de solidarité. Dans la foulée, il s'est engagé à me donner l'appui total de la centrale. Et si cela n'était pas suffisant, il a ajouté qu'il m'appuierait personnellement dans mes démarches, quitte à faire fermer des chantiers au besoin.

— Tu vas avoir ton local. Tu vas être payé. Tu vas pouvoir défendre ta vision et faire ce que tu veux pendant trois ans.

Il n'aurait jamais dû me dire ça.

On s'est entendus pour se retrouver plus tard dans la semaine, dans un autre Mikes, rue Sherbrooke. Entre les rencontres, j'ai fait mes devoirs et commencé à élaborer ma stratégie. J'avais accès aux dossiers de tous les gars. Je connaissais leurs nombres d'heures travaillées. J'ai ramassé un maximum d'information. J'ai aussi téléphoné à plusieurs contracteurs. Pas les plus gros – je ne voulais pas que la rumeur de mon transfert se répande – mais ceux qui étaient connus pour leur ambition. Je leur ai demandé si l'idée de travailler avec des mécaniciens industriels d'un autre local que le 2182 leur semblait envisageable. J'ai ensuite fait des pronostics de recrutement région par région, même si je misais surtout sur Montréal dans un premier temps.

Pendant le repas, Jocelyn m'a expliqué que le Conseil conjoint de la construction, cette entente entre la FTQ et l'Inter sur le placement des travailleurs, était en train de mourir de sa belle mort. Ensuite, il s'est amusé à potiner dans le dos de Pierre Labelle. Selon Jocelyn, le DG de l'Inter n'était qu'un suiveux qui se laissait mener par le bout du nez par Gérard Cyr, le directeur du local 144, qui lui-même extorquait des pots-de-vin à Ganotec, selon ce qu'a admis à la CEIC Serge Larouche, le PDG de l'entreprise. Sans la moindre retenue, Jocelyn dressait un portrait sans pitié des dirigeants de mon syndicat et de leurs amis contracteurs. Il me racontait qu'Untel était un vicieux qui aimait les jeunes filles bien plus que les travailleurs. Il ajoutait qu'un autre ne pensait qu'à manger et à boire. Je lui ai dit qu'il était libre de parler en mal de mes collègues, mais que moi, je ne jouerais pas à ce jeu-là. Parce que ce n'est pas mon genre, déjà. Et encore moins quand je suis assis, en public, en face de l'ennemi numéro un de mon syndicat.

Jocelyn a relancé la conversation en me proposant officiellement de diriger un local. Comme il m'avait déjà expliqué son plan, on en est vite venu à parler d'argent. Je lui ai alors fait savoir que ce n'était pas ce qui allait me faire changer de camp. Je lui ai rappelé que j'avais lâché ma job de chef de projet à 135 000 $ par année chez Norpak Handling pour devenir agent d'affaires à l'Inter pour 75 000 $. Ce n'était donc pas avec de l'argent qu'on pouvait m'attirer. Je ne dis pas que l'argent n'est pas important pour moi, bien sûr que non ; mais je lui ai expliqué que jamais je ne quitterais l'Inter pour engraisser mon compte de banque. Non, si je le faisais, ce serait pour faire bouger les choses.

Il m'a alors proposé plus ou moins les mêmes conditions que j'avais à l'Inter. Soit 15 % de plus que le salaire de compagnon de 35 $ de l'heure, plus 800 $ par mois pour ma voiture, mon cellulaire, etc. Je me souviens d'avoir répondu à peu près ceci :

— OK, mais si je quitte l'Inter, ça va être la guerre. Donc c'est vraiment d'un bon avocat que je vais avoir besoin. Parce que je connais les dirigeants de l'Inter. Je sais qu'ils vont tout faire pour me mettre des bâtons dans les roues et empêcher les gars qui vont me suivre de trouver du travail. Pour me punir, pour les punir, et pour l'exemple. Je vais donc devoir les amener en Cour pour prouver qu'ils font de l'intimidation et de la collusion.

Je connaissais trop bien le fonctionnement de l'Inter. Je connaissais leurs manières de faire et le discours qu'ils allaient tenir aux entrepreneurs. Ils feraient monter la pression sur les chantiers. C'est niaiseux, mais ça fait partie du système. Tout le monde le sait, et tout le monde le fait. On n'avait pas vraiment besoin de faire de la discrimination quand j'étais à l'Inter parce que l'écrasante majorité des mécaniciens industriels du Québec faisaient partie du local 2182. Mais, à partir du moment où il y aurait un nouveau local pour eux à la FTQ-C, ce ne serait plus la même histoire. Les règles changeraient, et vite. Peu importe sa taille, mon nouveau local allait devenir l'ennemi juré du 2182. Surtout s'il était dirigé par un ancien gars de l'Inter. Par un traître. Par moi.

J'ai regardé Jocelyn dans les yeux et je lui ai annoncé que j'étais prêt à faire le saut dès lors que j'aurais un avocat. Jocelyn m'a répondu qu'il pourrait aussi me fournir des gros gars au besoin. Je n'ai pas pu m'empêcher de rigoler sur le coup. C'était plus fort que moi.

— On n'est quand même pas dans le Far West, Jocelyn! Et puis, si je veux des gros gars, j'ai pas besoin de toi. Un bon avocat, ça fera l'affaire.

Plus tard dans la journée, il m'a rappelé pour me proposer de rencontrer Jean Lavallée, le président de la FTQ-Construction, afin de sceller notre entente autour d'un bon repas. J'étais dubitatif:

— Je connais Jean Lavallée. Je me souviens surtout qu'il nous avait promis plein de belles choses à la création du local 1981, en 1981, et qu'il n'a jamais vraiment livré la marchandise.

J'étais dans l'assistance quand « Johnny » s'était engagé à améliorer notre situation en présence de Louis Laberge. J'avais vingt ans.

— Les choses vont être différentes cette fois. Si tu reviens à la FTQ-C, tu vas être le patron de ton local. Je ne pourrai pas faire le travail à ta place, mais tu vas avoir carte blanche et je t'apporterai tout le soutien nécessaire. C'est-à-dire celui de l'ensemble des travailleurs de la FTQ et du Fonds de solidarité.

— Et un avocat ?

— Et un avocat.

— Je suis sérieux. Je vais avoir à me battre contre les plus importants contracteurs du Québec pour que mes gars aient accès aux plus gros chantiers. C'est la seule façon d'y arriver. Mais, si j'y arrive, tous les autres vont suivre...

Jocelyn m'a rappelé le lendemain ou le surlendemain pour me donner rendez-vous à l'Onyx, le bar-restaurant de Tony Accurso à Laval. Je me suis présenté à l'heure prévue. Tout le gratin de la FTQ-C était là. C'était clairement une opération de charme. Jocelyn me les a présentés un à un. Le temps de commander l'apéro, Jean Lavallée a commencé à me sortir son blabla. Je m'y attendais un peu, et j'ai voulu rester poli. Mais, après un certain temps, je n'ai pas pu m'empêcher de l'interrompre pour lui dire que je connaissais la chanson et que, dans les faits, la FTQ-C n'avait pas fait grand-chose pour défendre les mécaniciens industriels, dans le temps. Jocelyn est intervenu pour répéter que les temps avaient changé et que j'allais avoir trois ans pour faire bouger les choses.

Il avait raison. Et comme l'ambiance était bon enfant, je n'ai pas voulu insister. On était là pour fêter la création de mon local, le 1981. C'est ce que je me répétais en les voyant descendre des bouteilles de vin et avaler leur steak. Je ne sais plus si c'était de l'Angus AAA ou du bœuf de Kobé, mais j'ai trouvé qu'ils en menaient large, surtout pour un lunch. Je me suis raisonné en me disant qu'ils voulaient sans doute m'en mettre plein la vue.

Chapitre III

J'ai annoncé mon départ du local 2182 au retour des vacances 2005, à notre première réunion mensuelle de la rentrée, au Rizz, sur la rue Jarry Est. Spécialisé dans les mariages italiens, l'endroit accueille aussi de nombreux événements syndicaux. Il y avait deux ou trois cents mécaniciens industriels dans la salle le soir de mon annonce. Ils étaient assis serrés sur des chaises d'église tournées vers la tribune surélevée où se trouvaient Réjean Mondou, le directeur du local, et deux autres membres de notre exécutif. Pour commencer, ils ont dressé le bilan des derniers mois, et puis ils ont fait leurs prévisions sur les chantiers et autres boulots à venir. Ensuite, ils ont ouvert la période des questions. C'est à ce moment-là que je me suis levé pour me rendre au micro. J'étais le troisième dans la file. J'étais nerveux et agité. J'avais les mains moites. Des gouttelettes de sueur perlaient sur mon front.

Le monde syndical est un milieu tissé serré. Une grande famille. Debout au milieu de ce qui a été ma gang pendant presque vingt ans, je me sentais soudainement comme un traître. Comme un kamikaze sur le point faire exploser sa bombe dans son propre village. Durant tout le temps où j'ai attendu avant de prendre la parole, je me sentais comme le pire des salauds. Pourtant, je cherchais à défendre les valeurs auxquelles je croyais. Celles qui ont fait que j'ai adhéré au mouvement syndical à l'âge de 19 ans : faire respecter les travailleurs

et défendre leurs conditions de travail. À une époque comme
la nôtre, cela m'apparaît plus urgent que jamais. Parce que
notre époque est frappée de plein fouet par une vague de
libéralisme sauvage dans laquelle des leaders sans vision
s'acharnent à détruire tout ce qui ressemble de près ou de
loin à des droits acquis, n'hésitant pas à nous monter les uns
contre les autres.

Je n'entends même pas ce que le gars devant moi est en
train de dire. En fait, je l'entends, mais je n'écoute pas ce qu'il
dit. Je sais que dès qu'il aura terminé, ce sera à moi. Plein
d'images de mon parcours de militant syndical défilent dans
ma tête. Je me revois à mes débuts sur les chantiers avec mon
père. Je me souviens du jour où Réjean Mondou nous a demandé de quitter la FTQ-C pour le suivre à l'Inter, « pour le
bien de notre métier. » En regardant le gars qui parle au micro,
je repense à toutes ces années passées à me battre. Cet homme
sépare mon passé et mon avenir. En général, quand l'un des
dirigeants du local 2182 se lève pour prendre la parole, c'est
pour faire passer un message de l'exécutif. Je l'ai souvent fait
en tant que numéro 2. Quand 75 travailleurs en colère du
Saguenay descendaient à Montréal pour assister à notre réunion mensuelle, par exemple. Parce que c'est vrai ce que dit
Bernard « Rambo » Gauthier: les mécanismes de fonctionnement des syndicats québécois font en sorte que toutes les décisions importantes sont prises à Montréal. Alors que les réalités
des régions n'ont absolument rien à voir avec celles de la mé-
tropole. Lorsque des gars sont prêts à faire des heures et des
heures de routes pour se faire entendre, tu te dois de les prendre
au sérieux. En même temps, tu les vois venir de loin avec leurs
gros sabots, ce qui te laisse du temps pour te préparer et tenter
de désamorcer la situation. C'est ce que Réjean Mondou attendait de moi lorsqu'il me demandait de faire un petit discours
en ouverture de séance. Un truc dans le genre:

— Pour commencer, j'aimerais saluer la présence des gars
du Saguenay (applaudissements). Ensuite, je souhaiterais

leur confirmer que leur message a bien été entendu. J'en pro-
fiterais aussi pour rappeler à tous les gars qui sont présents
ici ce soir qu'il va toujours y avoir des hauts et des bas. Il ne
faut pas perdre de vue que malgré nos divergences et nos ti-
raillements, on est avant tout des syndicalistes. Et les syndicalistes, enfin les vrais, finissent toujours par trouver le moyen
de se soutenir mutuellement...

Je repense à tous ces sermons politiques que j'ai donnés
au fil des ans. C'est certainement à ça que s'attendaient les
gars, quand je suis enfin arrivé devant le micro. Mais pas Réjean Mondou. Je reste convaincu que le numéro 1 du local
2182 avait senti venir le coup. D'autant plus qu'il cherchait à
me joindre depuis un petit moment et que j'évitais ses appels,
ce qui n'est pas mon genre.

J'ai pris une grande inspiration et j'ai observé les gars autour de moi avant de commencer à parler. J'ai regardé ces gars
pour qui mon travail consistait à leur trouver le plus d'heures
possible, et puis j'ai pris quelques minutes de leur temps pour
dresser un bilan des ratés et des fausses promesses du directeur de notre local. Dans la foulée, je leur ai annoncé que je
m'en allais à la FTQ-C. Ça a provoqué comme un grondement
à travers la salle. Les gars étaient au courant de certaines rumeurs qui circulaient à mon sujet. Je venais de leur confirmer
qu'elles étaient vraies.

J'ai voulu expliquer aux gars les raisons de mon départ. La
tension était palpable. Réjean Mondou a voulu me couper le
micro, mais j'ai continué sur ma lancée. J'avais écrit mon discours, mais je ne pense pas que je regardais mes notes quand
je me suis adressé à Réjean.

— Ça fait trop longtemps que tu nous répètes que tout va
bien, alors que notre situation n'évolue pas. Les gars sont toujours et encore en déficit d'heures travaillées, mais tu ne poses
aucun geste concret pour changer les choses. Pour moi, un
leader doit être un meneur d'hommes. Pas un bureaucrate.
Je n'en peux plus du *statu quo*. Et puis, je vais te dire quelque

chose, Réjean. Mes héros, quand je suis entré dans l'industrie à l'âge de 20 ans, c'était les directeurs de nos locaux, pas les contracteurs avec les gros pick-up. Mais je réalise aujourd'hui que mes directeurs se soucient plus d'avoir une chaise en cuir et un compte de dépenses que de faire travailler leurs membres...

J'ai peut-être parlé pendant cinq ou six minutes. Je ne sais pas trop. Quand je repense à cette soirée, c'est un peu comme un rêve. Et puis, tellement de choses se sont produites depuis! Pour finir, j'ai rappelé aux gars que la moyenne d'heures travaillées par les membres du local 2182 était de 1250 heures par année.

— On est en plein boom économique, mais nos heures n'augmentent pas. Pourquoi? Moi, si je pars à la FTQ-C, ce n'est pas parce qu'ils m'ont offert un poste de directeur. C'est parce que je crois sincèrement que je vais être en mesure de faire grimper la moyenne d'heures travaillées à 1600. Je le crois parce que j'ai un plan d'attaque, une vision, une stratégie. Je sais bien que, à cet instant même, plusieurs d'entre vous me prennent pour un traître. Mais j'ai vraiment bien réfléchi avant de prendre ma décision. Et si je pars à la FTQ-C après presque vingt ans à l'Inter, c'est que je suis convaincu que c'est la meilleure façon pour moi de faire avancer la cause des mécaniciens industriels. Merci de m'avoir écouté. Merci pour la démocratie...

Et c'est là qu'ils m'ont coupé le micro.

Je suis resté debout sur place pendant quelques secondes avant de tourner les talons pour me rendre à ma chaise. Je ne sais pas si je me sentais soulagé ou à l'envers. Mais j'étais conscient qu'il était trop tard pour faire marche arrière. Je venais de mettre le feu à la maison.

Quelques gars ont applaudi, d'autres ont sifflé, mais la salle est vite redevenue silencieuse. C'est là que j'ai compris que cela allait être dur. Beaucoup plus dur que ce que j'avais imaginé. Pas parce qu'on a vaguement essayé de m'expulser.

Mais parce que le silence mortel qui figeait la salle était un présage de la tempête à venir.

En sortant du Rizz, je ne regrettais pas d'avoir interdit à mes amis d'intervenir au cours de la soirée. Je ne voulais pas qu'ils se mettent en danger :

— Vous poserez les bons gestes le moment venu. Mais, ce soir, attendez de voir la réaction de la gang à Réjean avant de faire quoi que ce soit. Vous êtes mieux de vous protéger. Ils risquent de vous faire payer cher d'être de mon bord.

Je suis rentré chez moi, mais je ne tenais pas en place. J'étais bien trop « crinqué ». Je tournais en rond comme un lion en cage. Mon téléphone n'arrêtait pas de sonner, mais je ne voulais pas répondre. J'ai décidé d'aller faire un tour au Houster. Même si je savais que mes amis n'y seraient pas, puisque je leur avais aussi demandé de ne pas y aller. Histoire de ne pas chercher le trouble. Ce ne sont pas vraiment des gars de brasserie, de toute façon. J'avais prévenu Gilbert Vachon avant la réunion :

— Je ne veux pas te voir là-bas. Je vais avoir besoin de toi, mais pas ce soir. Tu travailles chez Liard Mécanique, tu es un leader naturel, observe la réaction des gars demain, quand ils vont rentrer au travail. Cela nous sera bien plus utile.

En arrivant au Houster, j'ai tout de suite remarqué qu'il y avait moins de monde que d'habitude. J'étais venu prendre le pouls de la situation, et ça n'allait pas fort ; en temps normal, après les meetings du mois, il y avait environ une soixantaine de gars qui s'y arrêtaient pour prendre une bière ou deux. Et là, il n'y avait presque personne. C'est comme s'ils avaient tous eu peur. À croire que quelque chose de grave s'était produit dans la salle après mon départ, qu'un mot d'ordre avait été donné. J'imagine Mondou leur dire sur un ton cassant :

— Écoutez les gars, si vous voulez partir, vous êtes libres. Vous avez le droit de vous identifier à lui. Mais ne pensez pas que je vais continuer à vous aimer. Non, ça va être la guerre, et on va se battre en tabarnak.

Je le vois très bien dire quelque chose comme ça. Je pense même que c'est de bonne guerre. Mais je mentirais si je disais que ça ne m'a pas fait mal de voir autant de mes compagnons de travail se défiler – des gars qui partageaient mes sensibilités et mes frustrations, et qui passaient leur temps à se plaindre contre leur local. C'était une sacrée claque sur la gueule. Je comprenais qu'ils avaient peur d'être jugés coupables par association, mais au point d'avoir peur d'aller prendre une bière? Réjean leur avait vraiment brassé la cage et un sérieux malaise venait d'envahir le 2182. Des clans allaient se former. Tout le monde se méfierait de tout le monde. On a beau essayer de prévoir les contrecoups de nos décisions, on est toujours surpris.

Je suis retourné chez moi où, là non plus, personne ne m'a accueilli en héros. Normal: ils dormaient, les chanceux. Alors que moi, j'étais encore trop énervé pour fermer l'œil. En fait, j'étais dans un état second. Comme anesthésié. Mon téléphone n'arrêtait toujours pas de sonner. Je reconnaissais la majorité des numéros. Ceux de mes amis, mais aussi ceux de plusieurs gars avec qui je travaillais depuis des années. L'un m'appelait parce qu'il voulait passer avec moi à la FTQ-C. L'autre voulait comprendre pourquoi je le faisais. Et puis, il y avait les autres, ceux qui voulaient m'insulter ou me traiter de vendu. Ils étaient faciles à reconnaître: mon téléphone affichait les mots « inconnu » ou « non identifié ». Ces pissous étaient le dernier de mes soucis. Je n'avais pas de temps à perdre avec eux alors que l'Inter était sur le pied de guerre et que Réjean Mondou qualifiait de traître quiconque me défendait.

Je suis resté terré chez moi plusieurs jours à regarder des séries télé et à écouter de la musique. Des journées entières où mon téléphone sonnait sans arrêt, mais où je refusais de répondre à tous ceux qui ne faisaient pas partie de ma garde rapprochée. Cela dit, je comprenais le besoin des gars d'en savoir plus ou de se faire dire quoi faire. Mais je ne voulais pas qu'ils se retrouvent au banc des accusés simplement parce qu'ils m'avaient parlé. D'autant plus que j'avais beau me réfugier dans ma bulle, cela ne m'empêchait pas d'être rongé par le doute. Je me sentais tour à tour infidèle, idéaliste, audacieux et imbécile. Je ne partageais ces émotions avec personne, bien évidemment. Mais, au fil des jours et des semaines qui ont suivi mon annonce, mes proches prenaient peu à peu conscience de l'ampleur du vertige qui s'était emparé de moi. Un vertige non pas provoqué par l'étendue de la tâche qui m'attendait, mais par l'immense sentiment de responsabilité et de culpabilité à l'égard de ceux qui avaient choisi mon camp et qui en subissaient déjà les conséquences.

Les premiers ciblés par l'Inter ont bien entendu été mes amis Gilbert Vachon et Marc Allard. Marc, qui était chez Coca-Cola, se faisait de plus en plus écœurer par les gars du local 2182 qui travaillaient avec lui. À l'ouverture de la période de maraudage, en janvier 2006, ils sont allés jusqu'à lui interdire de mentionner mon nom ou celui de mon futur local pendant la pause du lunch. Et tandis que Marc se faisait intimider verbalement chez Coca-Cola, Liard Mécanique cherchait par tous les moyens à se débarrasser de Gilbert. Je parle ici de deux gars qui étaient des « 12-12 », c'est-à-dire des travailleurs à temps plein. Des réguliers à qui les contracteurs accordent leur confiance et leur préférence. Ça faisait 15 ans que Gilbert travaillait pour Liard Mécanique le jour où il a craqué et téléphoné pour me dire qu'il n'en pouvait plus de subir de la discrimination.

— Je ne peux pas le croire, Ken. Pas après toutes ces années à travailler pour eux. Je n'ai même pas encore officiellement changé de camp, et ils font déjà tout pour m'écœurer et me foutre à la porte.

Et ce n'est pas parce que Gilbert Vachon ne faisait pas bien son travail, mais parce qu'il manifestait ouvertement son intention de me rejoindre à la FTC-C et qu'il ne se gênait pas pour critiquer la direction du local 2182. Ce qui est tout à fait permis, surtout en période de maraudage.

J'avais réussi à placer plusieurs dizaines de mes gars à long terme sur des chantiers avant d'annoncer mon départ. Mais dans les mois qui ont suivi mon annonce, une vingtaine de membres du local 2182, tous des « 12-12 », se sont fait montrer la porte ou couper des heures parce qu'ils avaient laissé entendre qu'ils viendraient avec moi. Une vingtaine de pères de famille se retrouvaient du jour au lendemain en situation précaire, et des dizaines d'autres se faisaient écœurer au quotidien parce qu'ils soutenaient Pereira. Parce qu'il faut savoir que le 2182 avait bien fait comprendre aux contracteurs que ça allait brasser sur leurs chantiers s'ils ne se débarrassaient pas de mes copains. Le local voulait me casser en brisant mes gars. Je ne pouvais pas me laisser faire.

Avec Gilbert Vachon, le 2182 souhaitait faire un exemple. C'est exactement pour cette raison que je voulais être certain d'avoir un avocat avant de passer à la FTQ-C. Parce que je savais qu'il me faudrait prouver qu'il y avait collusion entre les contracteurs et les syndicats au niveau du placement. Et c'est ainsi que, par un drôle de concours de circonstances, la FTQ-C a assumé la défense de Gilbert Vachon dans sa poursuite contre Liard Mécanique. Ce n'est pas tous les jours qu'une centrale défend le travailleur d'un syndicat rival – Gilbert était toujours membre de l'Inter au printemps 2006 –, mais la FTQ-C a eu l'audace de le faire. Sur ce point, Jocelyn n'a pas manqué à sa parole. Certains diront que c'était parce que la FTQ-C n'avait aucune affinité avec Liard Mécanique. D'autres soutiendront que Jocelyn Dupuis voulait simplement embêter Réjean Mondou. Mais tout cela n'efface pas le fait que la FTQ-C a accepté de défendre Gilbert Vachon.

Pendant que le local 2182 faisait la chasse aux sorcières, moi, avec un coup de pouce du chômage, je peaufinais ma stratégie de recrutement. Au cours de l'automne 2005, c'est-à-dire avant le début officiel de la période de maraudage en prévision du vote d'allégeance syndicale de juin 2006, je suis allé à presque tous les meetings mensuels de l'Inter. À chaque fois, j'employais une nouvelle tactique. Un jour, alors que les gars étaient à l'intérieur, j'ai mis des dépliants sous les essuie-glaces de leurs voitures :

Arrêtez d'être spectateurs et agissez ! [...] Je suis le seul (ex-) membre du local 2182 qui a fait vérifier les livres pendant le règne de Réjean Mondou. Dans les mois à venir, vous allez découvrir le vrai visage du gérant et de ses agents «poupées gonflables» d'affaires, ainsi que leur agenda caché [...]. Lorsque je suis devenu agent d'affaires à l'Inter, on m'a toujours dit d'arrêter de penser comme un membre [...]. J'ai vingt ans de métier. Dont dix ans comme délégué, et deux ans comme agent d'affaires. Mon père était millwright, ce qui fait de moi un mécanicien industriel de deuxième génération. J'ai toujours considéré les membres comme la plus grande force d'un local. Ceux qui sont prêts à se tenir debout pour avoir un vrai local démocratique, appelez-moi. Parce que le vrai Inter, le vrai syndicaliste est rendu à la FTQ-C [...]. À la FTQ-C, vous allez élire vos gérants d'affaires et vos agents [...]. L'exécutif va être élu démocratiquement à l'échelle provinciale. Nous allons nous attaquer à l'un des plus gros problèmes de la construction et nous battre pour une réforme de l'assurance-emploi [...]. Nous allons mettre en place un système de ristournes annuelles pour les membres [...]. Arrêtez d'être juste des cotisations, devenez des membres à part entière.

J'ai aussi imprimé des flyers qui expliquaient ce que je comptais faire dans mon nouveau local. Je les plaçais sous les chaises, dans la salle de réunion où les membres devaient se rencontrer. J'arrivais un peu en avance et je disais aux gardiens de sécurité que j'avais quelques ajustements à faire en prévision du meeting. Et puis, une fois que la réunion avait commencé, j'appelais un des gars sur son cellulaire pour lui dire de regarder sous son siège, et là, très vite, tous les autres faisaient de même.

Une autre fois, je suis entré dans la salle en leur parlant en anglais. Ce qui les a choqués, bien entendu. Je leur ai alors expliqué que c'était ça, leur réalité, parce que l'Inter était un syndicat américain pour qui les travailleurs québécois étaient le dernier des soucis. En plus, ceux qui les représentaient aux rencontres annuelles à Las Vegas où ailleurs et se payaient la traite au bord de la piscine pendant qu'ils travaillaient, eux, ne parlaient même pas anglais. Ce qui veut dire qu'ils n'étaient même pas en mesure de faire entendre leurs revendications.

J'étais peut-être banni, mais sur papier, j'étais encore membre du local 2182. J'étais un peu l'entraîneur assistant dans une équipe de sport : je connaissais les coulisses de l'organisation, je savais ce qui marchait et ce qui ne marchait pas. Parce que je parlais aux gars au jour le jour, je connaissais leurs problèmes. Autant ceux des membres de Montréal que ceux des gars des régions, qui ont toutes leurs caractéristiques, leur personnalité. Sorel a la réputation d'être plus revendicatrice. Trois-Rivières, surtout avant la fermeture des usines de pâtes et papiers, travaillait en finesse. L'Abitibi et la Côte-Nord, elles, avec leurs bûcherons et leurs mineurs, étaient plus rentre-dedans, etc. J'ai voyagé à travers le Québec et participé à presque tous les meetings de l'Inter, région par région. J'en avais le droit : j'étais encore membre et la période de maraudage n'avait pas commencé.

Je suivais aussi toutes les formations que me proposait la FTQ-C. Si Jocelyn m'appelait pour me dire qu'il y en avait une d'une semaine sur le fonctionnement du Fonds de solidarité et les différents types de soutiens et avantages financiers qu'il offrait aux locaux affiliés, par exemple, j'y allais volontiers. Une autre affaire de trois jours sur la santé et sécurité au travail ? Génial. Je voulais profiter du fait que j'allais diriger un local à taille humaine pour rester à l'affût de tout ce qui pouvait aider mes futurs membres. Je voulais diriger en démocrate, mais aussi avoir une vision.

En février 2006, j'ai été invité par la FTQ-C à un congrès à Drummondville où Jocelyn Dupuis devait être réélu à son poste de directeur général. On est arrivé la veille de l'ouverture du congrès afin de participer à une réunion préparatoire. Comme personne ne se présentait contre Jocelyn, ce ne serait pas vraiment une élection. Il allait être reconduit dans ses fonctions par acclamation. Après la réunion, Jocelyn et les membres de la direction ont décidé d'aller faire un tour aux danseuses. Je ne vous mentirai pas : ça n'a rien d'inhabituel dans le monde de la construction. Comme j'en étais à mon premier congrès avec eux, je n'ai pas hésité à les accompagner.

L'ambiance était légère dans le gros Dodge de Pierre Morin, qui était directeur adjoint de la FIPOE (la Fédération interprovinciale des ouvriers en électricité). Mais, après une quarantaine de minutes de route, j'ai commencé à me demander où on pouvait bien aller. Qui fait autant de route juste pour se rendre aux danseuses ?

— Il n'est pas un peu loin votre club ?

Jocelyn m'a répondu que je n'avais pas à m'inquiéter. Un autre m'a dit en rigolant que je ne serai pas déçu. À les entendre rire comme des gamins, j'avais l'impression d'être dans un vestiaire de hockey, pas avec les grands responsables à la tête de la FTQ-C : Jocelyn Dupuis, Robert Paul, Pierre Morin, Serge Dupuis, Robert Cordileone et d'autres.

J'ai pris mon mal en patience : après tout, j'étais le petit nouveau. Une recrue qui ne pouvait s'empêcher de se demander pourquoi les dirigeants de sa nouvelle équipe étaient prêts à faire autant de route en pleine campagne pour aller voir des pitounes. Le moment était bizarre. Pierre Morin n'arrêtait pas de parler de son nouveau produit antireflet qui, à le croire, pourrait presque lui permettre de conduire sans utiliser ses essuie-glaces ; il pleuvait à boire debout.

On est finalement arrivé au fameux bar. Perché à la croisée des autoroutes 10 et 35, le lieu avait l'allure d'un *truck-stop* désaffecté. Il y avait peut-être trois voitures dans le stationnement. Pierre Morin a garé sa camionnette pile devant la porte. C'était le genre d'endroit où il fallait sonner pour que l'on vienne vous ouvrir. Pendant que le *bouncer* déverrouillait sa porte blindée, j'ai eu le temps de faire deux et deux égalent quatre. Je me souvenais d'avoir lu dans le journal que l'endroit était passé au feu récemment. Une histoire louche. Ce que je ne savais pas, c'est qu'il avait depuis été reconstruit avec l'aide de Robert Paul, Serge Dupuis et Pierre Roy, de la FTQ. Voilà pourquoi le videur nous accueillait aussi chaleureusement.

Après avoir refermé la porte dernière nous, ce dernier nous a guidés vers une sorte de salon VIP. Il y avait peut-être cinq ou six filles sur le plancher, et quelques serveuses. À observer la façon conquérante dont les membres de ma nouvelle équipe prenaient possession des lieux, il ne faisait aucun doute qu'ils étaient en territoire connu. J'ai aussi remarqué ce jour-là qu'il y avait entre eux une grande familiarité. Ils donnaient vraiment l'impression d'avoir fait les quatre cents coups ensemble. Et ils ne faisaient preuve d'aucune retenue, même en présence de Jocelyn, qui était tout de même leur patron. D'un autre côté, qui étais-je pour les juger ? Et puis, ils étaient peut-être en train de me tester. C'était peut-être même une sorte d'initiation, une manière de m'accueillir dans leur *boys' club* ? Non. Pas à la vitesse où ils ont tous déguerpi de la table dès que les bouteilles sont arrivées pour aller rejoindre les filles, ou faire je ne sais trop quoi. Tous, sauf Jocelyn, qui est resté seul avec moi.

C'était tout de même une drôle de situation. J'ai scruté la salle en prenant ma première gorgée de bière. Il y avait peut-être cinq ou six clients dans la place. Il y avait des machines à poker dans un coin. Un bar avec des bouteilles alignées sur le mur. Des isoloirs pour les danses privées. Une petite scène vide avec un poteau. Plus un jeu d'ombre et de lumière qui accentuait le décor de cet endroit un peu glauque, mais assez banal.

Jocelyn s'est penché vers moi.

— Tu vas être bien à la FTQ-C, Ken. Je te le garantis.

La lumière des projecteurs se reflétait sur son crâne dégarni. Rouge, bleu, vert. Je ne me souviens plus exactement comment il a formulé la suite, mais c'était quelque chose comme:

— On a beaucoup d'amis, tu sais. On est bien épaulés.

Il avait dit ça en faisant un grand geste rassurant de la main. Comme si l'endroit lui appartenait.

— Et si tu aimes l'alcool et les femmes, ne t'inquiète pas. L'argent ne sera jamais un problème entre nous...

À la vitesse où les autres gars avaient filé dans les cabines avec les filles, je me doutais bien que l'argent était le cadet de leurs soucis. Ça m'a rappelé les steaks de l'Onyx, six mois auparavant. Ces gars-là semblaient vraiment rouler sur l'or.

— Je suis sérieux, Ken. Si tu veux une fille, sers-toi.

— C'est gentil.

— Ne te gêne pas. Tu peux te laisser aller.

— Merci. Si j'en vois une à mon goût, je vais y aller. Mais, en attendant, j'ai surtout envie de boire ma bière.

— Tu n'aimerais pas mieux un cognac?

— Non, j'aime la bière.

Je ne sais pas s'il me testait ou s'il me tendait un piège. Peut-être qu'il cherchait à me faire boire pour me faire parler, pour découvrir mes failles. Il est aussi possible qu'il ait simplement voulu me mettre à l'aise. Dans le doute, j'ai préféré jouer la carte de la prudence. Ce qui, dans les circonstances, consistait à siroter ma bière en silence pendant que les filles venaient s'asseoir tour à tour sur ses genoux.

Jocelyn m'a expliqué qu'ils étaient vraiment contents de m'avoir à la FTQ-C. À l'écouter, la FTQ misait beaucoup sur le secteur industriel pour continuer à se développer.

— Tu es notre vedette montante, Ken.

Il m'a aussi posé pas mal de questions sur l'Inter. Il allait à la pêche, mais sans trop me brusquer. Comment les choses fonctionnaient à l'Inter ? Qui était ami avec qui ? Combien de gars est-ce que je pensais être en mesure de recruter ? Il m'a aussi dit qu'il allait remettre Réjean à sa place. Il continuait l'opération de charme. Il voulait que je m'ouvre à lui, comme à confesse.

Il m'a ensuite fait tout un discours pour me dire à quel point son équipe de direction était soudée. Comme une famille tissée serrée, un clan dans lequel tous les membres se font confiance et se soutiennent mutuellement. Contre vents et marées. Il m'a assuré qu'il n'y avait aucune cachotterie entre eux. Zéro secret. Il la jouait copain-copain, comme si on était des adolescents en train de faire un pacte de sang. « Je te dis tout, tu me dis tout. » Ce genre de choses m'arrive souvent, en fait. Ma mère prétend que c'est un don, mais tout ce que je peux dire, c'est que les gens se confient facilement à moi depuis que je suis tout petit. Ils me parlent de leurs états d'âme, me racontent leur vie et leurs secrets, alors que je ne leur ai rien demandé, sinon comment avait été leur journée. Avec mes allures de videur, je trouvais ça drôle de me retrouver aussi souvent dans le rôle du confident. Et c'est l'impression que j'ai eu ce soir-là avec Jocelyn. Par moments, je sentais qu'il voulait me mettre dans le secret des dieux et, peut-être aussi, justifier le style de vie flamboyant de sa petite bande.

On est resté au moins une heure à discuter avec Jocelyn avant qu'il demande l'addition pour tout le monde. Et là, je n'ai pas pu m'empêcher de faire le calcul. Si une chanson dure cinq minutes en moyenne, une heure équivaut à une douzaine de danses contact. À 10 $ la chanson, ça fait au moins 120 $ par bonhomme. Si je multipliais ce montant par six, soit le nombre de gars qui s'en étaient donné à cœur joie, j'en arrivais déjà à 720 $. Avec l'alcool et le pourboire, l'addition devait facilement dépasser les 1000 $.

J'aurai pu allumer, c'est vrai. Mais je venais d'arriver à la FTQ-C, où j'étais convaincu que j'allais pouvoir changer l'avenir de mon métier et réaliser mes rêves. Je n'étais pas totalement naïf, je venais d'avoir 40 ans et je me disais que mon heure était venue. Mais j'étais loin de me douter que ma vie venait de basculer. Que j'allais faire la une des journaux. Manger avec des mafieux. Être surveillé par la police. Me retrouver en Alberta.

CHAPITRE IV

« *When the shit hits the fan...* » Cette vieille expression décrit assez bien mon premier accrochage avec Jocelyn Dupuis au printemps 2006. On était en pleine période de maraudage. Je sillonnais la province pour présenter le projet de mon nouveau local au maximum de mécaniciens industriels. J'ai visité treize régions, dont la Gaspésie, où visiter une centaine de gars en porte-à-porte revient à rouler plus de 2000 km. Ça te laisse pas mal de temps pour réfléchir à ton avenir.

Mon objectif de départ était assez modeste : recruter deux cents hommes. Le local 1981 serait de taille modeste, mais novateur et ambitieux. En région, mon discours aux gars était simple : « Vous ne me connaissez pas parce que je ne suis jamais venu ici pour vous piquer vos jobs. » Je leur expliquais ensuite que la représentativité des régions dans mon local serait vraiment démocratique puisque les représentants de chacune des régions siégeraient à l'exécutif.

Pour atteindre les 50 % + 1, la FTQ-C avait, comme prévu, ouvert quatre nouveaux locaux. Jocelyn avait recruté Éric Miniaci, Dominic Bérubé, Conrad Cyr et moi. Éric devait diriger le local 777 (ferrailleurs), Dominic, le 618 (plombiers et tuyauteurs), Conrad, le 192 (monteurs d'acier) et moi, bien sûr, le 1981 (mécaniciens industriels). En dehors de Conrad Cyr, qui avait été agent d'affaires à l'Inter, j'étais le seul à avoir déjà occupé un poste de direction. Je pense que Jocelyn a voulu aller chercher des marionnettes dont il pourrait tirer les ficelles.

Notre premier accrochage au printemps 2006 lui a donné un aperçu de mon côté boqué. Retour en arrière : un jour, j'ai appris que Jocelyn, Jean Lavallée et André Kègle, un agent d'affaires du local 791 (machinerie lourde), avaient organisé un meeting avec des mécaniciens industriels de l'Inter à Trois-Rivières. C'est quelque chose qui ne se fait pas dans l'industrie. On n'organise pas une réunion avec des membres d'un corps de métier sans prévenir le directeur du local chargé de le représenter. Je l'ai appris par hasard. Un gars que je connaissais à Trois-Rivières m'avait laissé un message sur ma boîte vocale ; il voulait savoir si la rumeur sur un meeting surprise à l'Auberge des Gouverneurs était fondée.

— Salut Ken. Il paraît que Jocelyn Dupuis et Jean Lavallée vont être au meeting aujourd'hui. C'est vrai... ?

Je l'ai rappelé sur-le-champ.

— Qu'est-ce que tu me racontes ?

— C'est ce que les gars répètent sur les chantiers...

— J'arrive.

Ça ne faisait pas très longtemps que j'étais à la FTQ-C. Enfin, pas assez pour connaître leur *modus operandi*. J'ai grimpé aux rideaux en apprenant que mes nouveaux patrons me jouaient déjà dans le dos. Je me suis levé de derrière mon bureau comme un diable et j'ai dit à Marc Allard de ramasser ses affaires.

— On s'en va à Trois-Rivières...

Marc, un fidèle, était membre de l'exécutif de mon nouveau local. On a sauté dans ma voiture et filé vers Trois-Rivières comme si on était sur le circuit Gilles-Villeneuve. Le meeting venait à peine de commencer quand on est entrés dans la salle. Jocelyn, Jean Lavallée et André Kègle étaient assis sur une petite tribune, devant une bande de gars cordés sur leurs chaises. Jocelyn s'est levé d'un coup pour nous accueillir. Son malaise était évident. Ma colère aussi.

— Salut, Ken. Tu vas bien ? Tu te souviens d'André, hein ?
Quand il a su qu'on était pour être dans la région, il nous a
aidés à réunir les gars du chantier de la Kruger Wayagamak
pour leur parler. On pensait que...

Je l'ai coupé.

— Tu pensais quoi ? Tu pensais que tu allais faire du ma-
raudage à ma place ? Toi, l'ancien grutier de Havre-Saint-
Pierre, tu pensais vraiment que j'étais pour te laisser faire ?
C'est ma job de recruter les gars, pas la tienne, crisse !

J'étais vraiment fâché. Jocelyn m'a invité à m'asseoir avec
eux sur l'estrade. Je me suis tiré une chaise pendant que Marc
s'installait dans le fond de la pièce. Jocelyn a relancé la réunion. Je l'écoutais d'une oreille distraite. J'avais les bras croisés, et quiconque était le moindrement sensible au langage
corporel pouvait très bien voir dans quel état d'esprit j'étais.
Je l'ai laissé dérouler la corde avec laquelle il était en train de
se pendre. Denis Légaré, le président de l'exécutif du 2182,
était dans la salle. Je le connaissais bien, Denis. On avait
brassé pas mal d'affaires ensemble. Il s'est levé pour poser
des questions spécifiques au sujet de notre métier et des avantages qu'il y aurait pour les mécaniciens industriels à rejoindre la FTQ-C. Jocelyn patinait fort pour apporter les
bonnes réponses, mais il était évident qu'il ne connaissait pas
les réalités et les besoins de notre métier. Après un moment,
je n'ai pas pu m'empêcher d'intervenir.

— Je suis désolé Denis, mais Jocelyn ne peut pas te donner les bonnes réponses. C'est un ancien grutier. Il ne connaît
rien à notre travail.

J'avais dit cela sur un ton délibérément baveux. Assez
pour qu'André Kègle, du local 791, intervienne pour me rappeler à l'ordre.

— Ken, tu sais que tu n'as pas le droit d'intervenir comme ça.

Je les ai regardés un à un, droit dans les yeux.

— Et vous, vous pensez que vous avez le droit de faire ce
que vous êtes en train de faire ?

C'était plus fort que moi. Comment les gars dans la salle pourraient-ils avoir confiance en moi en tant que leader syndical s'ils voyaient que je me laissais manger la laine sur le dos par mes propres patrons? Dans la foulée, je les ai remerciés d'être venus chauffer la salle pour moi et je leur ai indiqué la sortie.

— C'est gentil les gars, mais je vais être obligé de vous demander de partir. Après tout, c'est une réunion de mécaniciens industriels, non?

Ils se sont levés tous les trois et se sont lentement dirigés vers la sortie. Ils n'étaient pas contents, mais ils n'avaient pas vraiment le choix. J'étais hors de moi. Leur petit jeu dans mon dos explique pourquoi je n'ai pas réussi à recruter des membres à Trois-Rivières. L'indépendance des locaux, c'est quelque chose de très important pour les syndiqués. Ils m'avaient fait passer pour un pantin.

De retour à Montréal, j'ai tout de suite demandé à les voir. On s'est rencontrés dans le bureau de Jean Lavallée. Inutile de préciser que j'étais encore passablement crinqué. Je leur ai répété que ça ne se faisait pas, de convoquer des gars de mon métier sans m'en parler. Jocelyn m'a assuré qu'ils ne voulaient pas me manquer de respect. Ils étaient simplement de passage à Trois-Rivières et l'occasion était trop belle. Jean, lui, ne disait rien. Il savait bien que ce qu'ils avaient fait n'était pas correct.

— Tabarnak! Je suis supposé être la nouvelle coqueluche et vous me jouez dans le dos. Comment les gars vont me respecter si mes responsables ne le font pas? Qu'est-ce qu'ils vont penser de moi? Que je ne suis rien de plus qu'une marionnette? Sérieux, ne me faites plus jamais ce coup-là.

Ils ne répondaient rien. Un lourd silence flottait dans la pièce. J'en ai profité pour coincer Jean Lavallée. Oui, Jean était le président de l'exécutif de la FTQ-C, mais il était avant tout le directeur de son plus puissant local : la FIPOE, la fraternité des électriciens.

— C'est comme ça que tu as construit ton local, toi ? En te laissant marcher sur les pieds ? Qu'est-ce que tu aurais fait à ma place, toi, si j'avais organisé un meeting avec tes gars sans t'en parler, sous prétexte que je passais par là ? Tu serais content ?

Comme il ne répondait rien, j'en ai rajouté en haussant la voix :

— Tu as plus de quarante ans de métier et tu me fais ce genre de coup bas ? Alors que je viens à peine d'arriver dans ta centrale ?

À la fin, ils m'ont dit qu'ils étaient désolés, que ce n'était pas leur intention. Je ne suis pas rancunier, mais j'ai une bonne mémoire. Et je ne suis pas du genre à lâcher le morceau facilement.

— Mais vous vouliez faire quoi au juste ? Expliquez-le-moi. Sinon, la seule chose que je vois, c'est que vous organisez un meeting sans me le dire alors que l'on se côtoie tous les jours au bureau...

Ils m'ont regardé. Ils savaient que j'avais raison. Ils avaient agi comme des petits boss arrogants, comme s'ils n'avaient de comptes à rendre à personne, et je leur avais mis ça sous le nez. Ça a provoqué un premier froid entre nous.

En juin 2006, la FTQ-C a perdu l'élection sur la représentation syndicale en ne réussissant pas à obtenir les points de pourcentages nécessaires pour rallier la majorité des travailleurs du Québec, ce qui lui aurait donné le pouvoir de négocier au nom de tous les travailleurs. Malgré tous ses beaux discours, Jocelyn avait donc perdu son pari. Pire, il est complètement passé à côté. La FTQ-C avait 43 % des travailleurs sous sa bannière à la veille de l'élection, et elle en comptait 44 % le lendemain. Tout ça pour un pauvre point de plus. Officiellement, bien sûr, la FTQ-C était fière de cette progression... Jocelyn avait mené campagne tambour battant et recruté du monde pour mettre sur pied des nouveaux locaux, mais son arrogance a causé sa perte. Avec le recul, je reste convaincu qu'il pensait que son charme et son style flamboyant suffiraient pour attirer de nouveaux travailleurs.

Mais tu ne peux pas toujours berner les gens. Et ça, je l'ai compris dès le moment où nous n'avons pas atteint la cible des 50 % + 1. Jocelyn s'est aussitôt complètement désintéressé de nous. Du jour au lendemain, le sort des quatre nouveaux locaux s'est retrouvé en bas de la pile. Mais ce n'est pas parce que Jocelyn avait été motivé par son obsession de prendre le contrôle du monde syndical québécois que j'allais m'empêcher de mettre mon plan à exécution. D'autant que j'avais presque atteint mon objectif de maraudage, moi. J'avais espéré recruter un minimum de deux cents mécaniciens industriels, et deux cent quarante d'entre eux s'étaient joints à mon local. Ce n'était pas beaucoup comparé aux deux mille et quelques membres du local 2182 de l'Inter, mais c'était tout de même un bon début.

La FTQ-C a annoncé officiellement mon arrivée à la centrale et la création du local 1981 le 8 septembre 2006. Sur le communiqué, il y avait une photo de Jocelyn et moi. J'ai l'air un peu crispé et lui, heureux comme Sylvester, le chat des Looney Tunes, qui viendrait d'avaler Tweety. La FTQ-C me présentait comme le « nouveau visage des mécaniciens industriels du Québec » et insistait sur « l'attachement aux règles démocratiques » de mon nouveau local dont l'objectif premier était d'offrir « un service de qualité à ses membres ». En façade, c'était le début d'une longue lune de miel. Mais en fait, ça sonnait l'ouverture officielle des hostilités. L'Inter nous avait bien fait comprendre que la guerre allait être sans merci. En fait, à écouter les responsables du local 2182 de l'Inter, mes gars ne pourraient plus jamais trouver du travail au Québec. Ils en faisaient une affaire personnelle. Bien sûr,

mes gars s'attendaient à subir des représailles en faisant le
saut à la FTQ-C, mais personne n'aurait pu imaginer la ran-
cœur et la virulence du 2182. En 2005, alors qu'ils étaient
encore à l'Inter, certains de mes gars avaient une moyenne
annuelle de 1500, 1700 heures travaillées. Après le transfert
en 2006, la moyenne était tombée à... zéro. Il ne fallait pas
être une lumière pour voir qu'il y avait quelque chose de
louche, non ? Mais les dirigeants de l'Inter, aveuglés par leur
arrogance et leur envie de revanche ne réalisaient pas à quel
point leur comportement était grotesque. L'important pour
eux, c'était de faire la loi sur les chantiers. Et ça, les contracteurs le savaient, et c'est pourquoi ils craquaient sous la
pression.

Je connaissais leur manière de faire et le discours qu'ils
tenaient aux entrepreneurs. Je savais bien qu'il y avait de l'intimidation sur les chantiers. Ça fait partie du système depuis
toujours. Tout le monde le sait, c'est la loi de la jungle. Personnellement, à l'Inter, je n'avais pas eu besoin de faire de la
discrimination. Parce que le local 2182 représentait plus de
83 % des mécaniciens industriels du Québec. Donc, si les
contracteurs voulaient des gars, ils n'avaient pas cent solutions : ils devaient passer par nous. Mais les règles ont changé
dès le jour où il y a eu un nouveau local à la FTQ-C. Si petit
qu'il était, le local 1981 devenait *de facto* l'ennemi du 2182
selon Réjean Mondou.

L'intimidation dans le monde de la construction a quelque
chose de paradoxal. À partir du moment où il y a un local
dominant dans un secteur, elle n'existe plus vraiment. Prenez
l'exemple du local 144 de l'Inter, qui regroupe près de 95 %
des tuyauteurs du Québec dans l'industriel depuis plus d'un
quart de siècle. Peut-on réellement l'accuser d'abuser de son
pouvoir ? Oui, dans le sens où il est le plus puissant local dans
le métier de la plomberie et que les contracteurs n'ont pas le
choix de passer par lui. Oui, aussi, parce que la majorité des
enseignants dans les écoles de formation en sont membres et

qu'ils encouragent les élèves qui débutent sur le marché à se joindre au local 144 pour avoir les meilleures chances de travailler. Mais en même temps, non, parce que le 144 contrôle et domine le métier depuis si longtemps qu'il n'a même plus besoin de faire de l'intimidation.

Je m'étais entendu dès le départ avec Jocelyn pour avoir accès à Robert Laurin, l'avocat de la FTQ-C. C'était mon joker, mon bluff, la clef de voûte de ma stratégie. Sur papier, s'attaquer au phénomène du placement syndical peut sembler assez simple. Il suffit de prouver qu'un local intimide un contracteur pour placer ses gars au lieu des autres. Ou encore, de démontrer que les travailleurs d'un syndicat menacent ceux des autres centrales quand ils osent s'approcher d'un chantier. Moi, je ne voulais pas seulement faciliter l'accès aux chantiers, je voulais changer les règles du jeu. Et pour ça, il me fallait trouver le meilleur moyen de prouver que la collusion n'était pas qu'une affaire de folklore syndical. Je devais démontrer que chaque syndicat avait ses chasses gardées. Je voulais trouver la faille dans le système qui permettrait un jour aux travailleurs d'être reconnus selon leurs compétences, et non pas seulement en fonction de l'influence du local auquel ils appartiennent.

J'étais conscient que c'était une grosse commande. D'un autre côté, il y a des normes du travail au Québec. Et parmi ces normes, il y a celle du libre accès au travail. Et c'est ce sur quoi je me suis concentré lors de mes premiers mois à la tête du local 1981 : chercher la faille qui permettrait de mettre de l'avant les compétences de mes gars. Avec le recul, je me dis que j'aurais peut-être dû aller chercher des fiers-à-bras. C'est vrai, j'aurais pu prendre cette voie-là, et recruter quelques armoires à glace de mon ancien local à l'Inter. J'aurais pu leur promettre une place dans mon conseil administratif à condition qu'ils aillent faire peur aux contracteurs récalcitrants. Ça m'est passé par la tête, d'autant plus que je savais comment l'Inter travaillait. Sauf que ce n'est pas le combat que j'avais choisi de mener. Je voulais que l'accès aux chantiers passe par la compétence, pas par la taille des biceps.

J'ai décidé de plaider ma cause à la moindre occasion. Je l'ai fait lors du Forum sur la productivité et l'emploi dans l'industrie de la construction, en septembre 2006, qui réunissait à Saint-Sauveur près de 400 délégués représentant l'ensemble des secteurs de l'industrie au Québec (architectes, ingénieurs, parties syndicales, employeurs, donneurs d'ouvrage). C'était mon premier événement officiel à titre de directeur du local 1981. L'objectif de ces deux jours de colloque était d'échanger tous ensemble sur les différentes notions liées à la productivité. L'ensemble de l'exécutif de la FTQ-C était présent. Je ne les connaissais pas bien car je ne les fréquentais pas depuis très longtemps, mais je commençais à cerner certains de leurs traits de caractère. Eddy Brandone, le secrétaire financier, était rayonnant de fierté. Je le comprenais : il avait lancé quelque temps auparavant qu'il allait faire venir Jean Charest, le premier ministre du Québec, à notre forum. Il nous avait dit ça avec un air de bravade et, comme le milieu de la construction abonde d'ego surdimensionnés, personne ne savait trop si ce n'était pas du « pétage de broue ». Et puis, Charest était bel et bien venu prononcer un discours dans lequel il avait reconnu, selon la FTQ-C, « que le Québec est et demeure le pays le plus productif des Amériques » et que le milieu de « la construction est l'un des plus importants donneurs d'ouvrage de notre secteur industriel ».

Mais Eddy n'était pas le seul à vouloir briller lors de ce week-end. Fidèle à lui-même, Jocelyn Dupuis souhaitait lui aussi nous en mettre plein la vue en nous faisant croire qu'il était copain avec Henri Massé, le président de la FTQ de l'époque. Le soir au souper, Jocelyn lui a offert une très bonne bouteille de vin. On était une quinzaine de dirigeants de la FTQ-C attablés dans un restaurant italien de Saint-Sauveur.

Le patron avait monté trois tables spécialement pour nous et l'ambiance était joviale. Pendant qu'on regardait le menu, Jocelyn a proposé son grand cru à son « copain » Henri Massé qui, surpris, lui a répondu quelque chose comme :

— C'est gentil, mais ma femme me dit que je ne sais pas bien me tenir quand je bois... J'aime autant ne pas boire en public.

Ça m'a fait rire. Si Jocelyn avait vraiment été un ami d'Henri Massé, il aurait su que celui-ci ne buvait plus en public, non ? Il n'aurait jamais pris la chance de le mettre dans l'embarras en lui offrant du vin, non ? Pour moi, ça démontrait clairement que Jocelyn et Massé n'étaient pas des intimes...

Jocelyn a provoqué ce soir-là une autre situation qui en dit long sur les dirigeants de la FTQ-C juste avant de quitter le restaurant. Nous étions encore à table avec Henri Massé quand Jocelyn s'est mis à parler de Raymond Bachand, l'ancien ministre libéral et le président-directeur général du Fonds de solidarité de 1997 à 2001. Jocelyn fanfaronnait sur la fois où Henri Massé avait rabroué Raymond Bachand quand ce dernier était allé le voir dans son bureau pour lui réclamer des explications à propos de certains prêts accordés par le Fonds. J'entends encore Jocelyn rigoler.

— La seule chose que je peux vous dire les gars, c'est qu'il est reparti la queue entre les jambes...

Tout le monde ou presque riait autour de la table, mais moi, j'ai surtout retenu une chose de cette scène : Massé n'a pas le moindrement cherché à contredire ou à nuancer les propos de Jocelyn. Ce qui me porte à croire que ce dernier avait bel et bien un certain pouvoir de décision dans l'attribution des prêts accordés par le Fonds de solidarité. Et ça, même face au président-directeur général du Fonds.

Je suis allé voir l'avocat de la FTQ-C, Robert Laurin, à plusieurs reprises au cours de l'automne 2006 pour planifier ma stratégie pour contrer les manœuvres d'intimidation de l'Inter. Je le faisais au vu et au su de la haute direction de la FTQ-C. À commencer par Jocelyn, le DG, et Jean Lavallée, le président. J'échangeais aussi beaucoup avec les autres directeurs. Je ne me gênais pas pour leur demander des conseils. Je me souviens très bien de la fois où j'ai rencontré Laurin dans son bureau en compagnie de mes amis Gilbert Vachon et Marc Allard, qui étaient membres de l'exécutif du local 1981 à l'époque. C'est Robert Laurin qui, le premier, nous a mis sur la piste des enregistrements. Il nous a dit quelque chose comme :

— Il faut que vous arriviez à enregistrer des contracteurs. Il faut entendre leurs noms et les entendre dire qu'ils ne peuvent pas embaucher des gars de votre local parce qu'ils ont peur d'avoir des problèmes avec l'Inter...

J'ai regardé Gilbert et Marc. Ils semblaient encore plus motivés que moi.

— Mais surtout, il faut rester poli. Et il ne faut surtout pas leur crier après ou leur faire des menaces.

Il était difficile pour moi de ne pas le prendre comme un commentaire personnel. Il faut dire que j'avais déjà une réputation... Mais quelle réputation ? Quelqu'un à la FTQ-C a dit dans le reportage d'*Enquête* que j'étais un « *loose cannon* ». Pour m'amuser, j'ai cherché quelques synonymes sur Google. Je suis tombé sur *électron libre* (assez d'accord), *franc-tireur* (bof), *imprévisible* (toujours), *boulet de canon* (???).

En sortant de mon entretien avec Laurin, j'ai attrapé Marc Allard par le bras pour lui dire que j'allais avoir besoin de son aide.

— Ce n'est pas parce que j'ai lu plein de thrillers que j'ai une idée de comment on joue à l'espion. Il va falloir que tu me dises de quel matériel je vais avoir besoin...

Sur ce point, je pouvais compter sur Marc. C'est un vrai passionné d'informatique et de gadgets. Un vrai *geek* avec qui je me suis retrouvé chez Bureau en gros pour acheter des enregistreuses, des micros et des CD vierges.

On a passé les journées suivantes à s'entraîner, à se prendre pour des détectives. Comme dans la série *The Wire*. On s'est appelés entre nous pour s'enregistrer. On s'est entraînés à cacher des micros dans les manches de nos chemises, dans nos sacs, sous nos bureaux, etc. On avait installé un grand tableau sur le mur de la salle de réunion au milieu du deuxième étage de la FTQ-C, celui de la direction générale. On y avait inscrit une première liste de noms de compagnies à appeler et la liste des questions à poser à leurs responsables. Notre mission était claire : prouver au-delà de tout doute que le local 2182 était coupable d'intimidation et de collusion.

Après la défaite aux élections de juin 2006, Jocelyn est venu voir chacun des directeurs des quatre nouveaux locaux pour nous annoncer qu'il était difficile pour la centrale de justifier nos salaires dans le contexte du moment. Réduire nos salaires alors qu'ils étaient garantis pour trois ans d'après les ententes que nous avions signées en acceptant de passer à la FTQ-C ? Du Jocelyn tout craché. En fait, je reste convaincu qu'il voulait nous punir de ne pas avoir réussi à faire pencher la balance en faveur de la FTQ-C lors des élections. Quoi qu'il en soit, je voulais être solidaire des autres nouveaux directeurs :

— Si les trois autres ont accepté que leur nombre d'heures rémunérées baisse de 45 à 40 heures par semaine, il n'y a aucune raison que je refuse.

Si j'étais conciliant, c'est aussi parce que Jocelyn ne m'avait pas parlé de l'avocat. Dans notre entente, il m'avait garanti que j'aurais accès à Robert Laurin. C'était la seule différence entre mon entente et celles des trois autres. Et j'y tenais à tout prix.

Jocelyn m'a expliqué que les trois autres avaient accepté sans trop rechigner, mais ça ne voulait pas dire que la couleuvre avait été facile à avaler. Éric Miniaci, le directeur du local des ferrailleurs, le 777, l'avait gardé en travers de la gorge. Il s'adonne qu'Éric était marié à la fille de Robert Paul, le directeur des opérations de la FTQ-C, et bon ami de Jocelyn. Sous ses dehors engageants, Éric éprouvait beaucoup de frustration. D'autant qu'il venait de s'acheter une voiture de luxe, dont les paiements mensuels lui rappelaient cruellement à quel point les 10 000 $ annuels que venait de lui retirer Jocelyn lui manquaient. Éric est devenu de plus en plus aigri. Au point de vouloir se venger. La vie a fait que pour lui, à cette période, j'étais à l'époque à la fois un genre de mentor (parce que j'avais plus d'expérience syndicale) et un confident (parce que nous étions dans le même bateau). Ça m'autorisait à lui dire qu'il n'avait qu'à se serrer la ceinture...

— Pendant que Jocelyn et compagnie se gavent comme des oies dans tous les restaurants de Montréal ?

Je n'avais rien contre Jocelyn à l'époque. Il n'était que fidèle à lui-même : flamboyant et frimeur.

— Alors fais quelque chose. Arrête de t'apitoyer sur ton sort. Bouge-toi.

Au départ, je ne savais pas qu'Éric était le gendre de Robert Paul et qu'il aimait s'afficher avec la soi-disant élite de la FTQ-C dans leurs partys exclusifs, les soirées Harley-Davidson, les bars de danseuses, les combats de boxe, aux matchs du Canadien dans les loges des amis du Fonds de solidarité, etc. Dans les faits, Éric était un habitué des mœurs et des coutumes des hauts dirigeants de la centrale. C'est ainsi qu'il a eu l'idée de les prendre en flagrant délit en les filmant à la sortie de l'un de leurs « sushi party » à l'Onyx. Selon Éric, ils en organisaient trois ou quatre par année, et ils étaient mémorables, avec ces filles sur le corps desquelles les bouchées de poisson cru attendaient d'être cueillies par des caïds de la construction, des conseillers municipaux ou des fonctionnaires en mesure de faire changer le zonage pour faciliter des projets de construction immobilière. L'idée d'Éric était de les filmer en fin de soirée quand, passant du statut de plateaux à celui de geishas, les filles partiraient main dans la main avec les patrons de la plus importante centrale syndicale du Québec vers un hôtel du boulevard Saint-Martin à Laval. Et tout ça sur le bras de la FTQ-C.

Filmer ses patrons avec des filles. C'était simple et direct. Voilà comment Éric avait pensé se venger de sa coupure de salaire. Il a fait une vidéo où on voit des syndicalistes bien en chair marcher en compagnie de jeunes filles en robes légères malgré le froid de l'automne. Il a filmé ces couples dépareillés traversant le boulevard Saint-Martin pour pénétrer dans l'hôtel du même nom.

Le plan d'Éric était une vraie bombe à retardement. Mais s'il avait su faire preuve d'imagination pour faire chanter ses supérieurs, il n'était pas aussi malin sur le plan technologique: il était incapable de transférer la vidéo de sa caméra sur un CD, ni d'en réaliser le montage. Il m'a demandé de l'aider, ce que j'ai accepté avec d'autant plus de plaisir que ça me donnait l'occasion de faire une copie.

Chapitre v

Avec mes gars, on a profité de l'automne 2006 pour mettre au point notre stratégie. À partir de l'hiver 2007, on est vraiment passé à la vitesse supérieure. Notre objectif était de harponner quelques-uns des plus importants entrepreneurs pour démontrer qu'ils étaient non seulement complices, mais coupables de collusion. Nous voulions qu'ils soient condamnés et mis à l'amende afin que les plus petits contracteurs comprennent que la collusion n'était pas payante à long terme. Et pour arriver à nos fins, il fallait prouver que des entreprises comme Gastier Mécanique et Ganotec acceptaient de se laisser dicter par les syndicats quels gars ils pouvaient embaucher ou pas, ce qui est interdit au Québec. Tant que des compagnies dirigées ou détenues par des personnes aussi influentes que Tony Accurso (Gastier Mécanique) et Eugène Arsenault (Ganotec) ne seraient pas contraintes de se plier aux lois, pourquoi les autres rentreraient-elles dans le rang?

Là où j'ai été un peu innocent, c'est que je n'ai pas imaginé toute la *game* qui se jouait en coulisse. Une *game* dont les enjeux dépassaient largement le placement syndical des travailleurs. Toutes ces choses me semblent évidentes aujourd'hui, mais je n'en avais pas la moindre idée à l'époque. J'étais aveuglé par ma seule obsession: placer mes gars. Pour ça, j'étais prêt à embêter des gros contracteurs comme Gastier et

Ganotec. Dans le cadre de la loi, évidemment. J'ai beau être teigneux, je suis respectueux des règles.

Le local 2182 était si assoiffé de vengeance qu'il en arrivait à faire de grossières erreurs tactiques. Son entêtement à barrer mes gars de tous les chantiers en était une. Franchement. Au lieu de faire dans le fanatisme syndical, ils auraient pu se montrer un peu plus malins. En encourageant les contracteurs à embaucher deux ou trois de mes gars sur leurs chantiers, par exemple, et puis à les mettre à la porte quelques semaines plus tard sous prétexte qu'ils étaient bons à rien. C'est tordu comme approche, mais si les dirigeants du 2182 avaient joué la carte de l'incompétence contre mes gars, mes accusations d'intimidation et de collusion à leur encontre n'auraient jamais tenu la route. Mon ancien local aurait désamorcé les arguments avec lesquels je comptais plaider pour l'attaquer en Cour. Mais non! Par orgueil syndical, ils ont préféré bannir tous mes gars et les laisser crever de faim, et montrer toute l'étendue de leur puissance aux contracteurs et aux travailleurs des chantiers de construction à l'échelle du Québec.

On a commencé à enregistrer le maximum d'échanges avec les contracteurs. Pas seulement les plus gros: parce qu'il nous fallait obtenir un échantillon représentatif, l'idée était de ratisser le plus large possible. Du coup, on a découpé le Québec en secteurs et on s'est réparti les régions. Le scénario type de nos coups de fil ressemblait à ça:

— Bonjour. Je m'appelle Gilbert Vachon. Je suis mécanicien industriel. J'ai déjà travaillé à quelques reprises pour votre compagnie...

— Oui, oui. C'est vrai, je m'en souviens.

— Je viens de finir un contrat et je me cherche de l'ouvrage. Avez-vous besoin de gars? Auriez-vous quelque chose pour moi?

— Peut-être bien, oui...

— Cela serait super, merci. Je peux vous laisser mon numéro de téléphone?

— Non, non. Pas besoin. Tu as juste à dire au gars de ton local de m'appeler.

— ...

— Allô ?

— Je suis là. Mais c'est juste que... j'ai changé de local.

— T'es rendu où ?

— À la FTQ-C. Au local 1981.

— Vraiment ? Alors tu t'es vraiment mis dans marde, mon homme.

— Pourquoi ?

— Parce que je ne pourrai jamais te faire travailler.

— Mais pourquoi ?

— Tu le sais, pourquoi...

On a finalement enregistré presque tous les contracteurs mécaniques du Québec. Des plus gros aux plus petits, de l'Abitibi au Saguenay, de la Mauricie à l'Estrie. Et, à chaque fois, leur réponse était toujours plus ou moins la même : « Désolé, mais vous ne faites pas partie de la bonne gang, les gars. Comme je ne veux pas de problème sur mes chantiers, je ne peux pas prendre la chance de vous embaucher... »

Ça faisait déjà plusieurs semaines qu'on enregistrait les contracteurs lorsque j'ai assisté à une réunion avec la haute gomme de la FTQ-C. Je m'attendais à ce qu'ils me parlent de mes enregistrements, et j'avais décidé la veille, sur un coup de tête d'enregistrer le meeting. De mémoire, c'était la première fois que j'enregistrais une réunion – mais pas la dernière. Je me souviens qu'ils étaient très curieux de connaître les résultats de notre fièvre de détective, et qu'ils avaient tous des noms de contracteurs à me soumettre.

— Ne vous inquiétez pas, on ne va oublier personne. Mes gars ne travaillent pas depuis qu'ils sont à la FTQ-C, et ils sont prêts à tout pour prouver que c'est à cause de l'intimidation de l'Inter...

Après cette réunion, nous avons encore enregistré des dizaines d'heures de conversations entre des contracteurs, des
travailleurs et des dirigeants. Je voulais avoir le maximum de
preuves avant de retourner voir les membres de l'exécutif
pour lancer les poursuites. Je voulais avoir un dossier en bé-
ton armé. Et pour cela, il me fallait du solide, des preuves irréfutables que le local 2182 se rendait coupable d'intimidation
et de collusion avec les contracteurs. Le plus fou, c'est que j'ai
pris la chance d'appeler certains contracteurs pour les avertir
que j'avais des enregistrements qui les incriminaient et que
j'envisageais d'entamer des procédures judiciaires. Mais malgré ça, ils continuaient à refuser d'embaucher mes gars. Honnêtement, je n'en revenais pas. Il faut avoir un sacré culot. Ou
alors, être vraiment cabochon.

C'est autour de cette période que l'Alberta a fait son entrée dans
ma vie. La FTQ-C avait une entente avec un syndicat là-bas, et
elle cherchait à développer le filon albertain plus concrète-
ment. J'avais entendu dire qu'ils recrutaient des mécaniciens
industriels. Comme mes gars ne travaillaient toujours pas, j'ai
voulu nouer contact avec eux pour leur envoyer des hommes.
Puis d'autres. Et d'autres encore...

Les échanges avec l'Alberta duraient depuis quelques
mois déjà quand deux mastodontes à l'allure inquiétante sont
rentrés dans mon bureau en disant qu'ils se cherchaient du
travail dans un anglais à couper au couteau. Pris de court, je
les ai observés du coin de l'œil avant de les inviter à s'asseoir.
Ils avaient le regard tourmenté des hommes qui ont connu
l'enfer et les traits tirés de ceux qui y ont survécu. Ils ont
échangé quelques mots dans une langue slave, puis ils se sont
assis devant mon bureau.

— *We're looking for work. Can you help us?*

Je ne sais pas lequel des deux a parlé en premier, mais il
m'a lentement expliqué qu'ils étaient des mécaniciens de

machinerie lourde, mais qu'ils étaient prêts à accepter tout ce que je pourrais leur proposer.

— *We need work... We need to eat.*

J'ai essayé de leur expliquer que j'étais vraiment désolé, mais que je ne pouvais pas les aider. Je leur ai dit que mon travail consistait à placer des mécaniciens industriels et non ceux qui s'occupaient de machinerie lourde...

— *We need to work...*

Je leur ai répété que j'aurais bien aimé les aider, mais que ça n'était pas possible puisqu'on ne pratiquait pas le même métier. Ils ne m'entendaient pas. Et quand ils levaient leurs yeux vers moi, j'y voyais le désespoir de ceux qui veulent encore croire en la vie, mais qui ont trop souvent été éprouvés par elle.

Impuissant, je les ai écoutés me raconter leur histoire. Ils s'appelaient Borz et Lom. Ils venaient de Tchétchénie, une république dont les ambitions séparatistes ont été cruellement réprimées par l'armée russe dans deux guerres sanglantes en moins d'une décennie. Ils étaient au Canada depuis pas très longtemps et ils avaient frappé à toutes les portes ou presque, mais personne ne semblait vouloir ou pouvoir les aider. Ce qui n'était pas si surprenant. Avec leurs têtes de tueurs, ils étaient du genre à vous faire changer de trottoir.

Je les ai écoutés pendant de longues minutes, tout en étant conscient que je ne pouvais rien pour eux. Ça semblait leur faire du bien et je n'avais pas encore amassé suffisamment de courage pour leur dire la vérité définitive. Et puis, mon téléphone a sonné. Je leur ai fait signe de patienter une minute. À l'autre bout du fil, la secrétaire d'un important contracteur de l'Alberta, Perth construction, m'expliquait que sa compagnie cherchait de la main-d'œuvre qualifiée et que l'ami d'un ami lui avait conseillé de me téléphoner. Je lui ai demandé quel type d'ouvriers elle recherchait, tout en observant les deux colosses devant moi, puis je lui ai promis de la rappeler dès que j'aurais de bons candidats.

— Parlez-moi donc un peu de vos compétences, les gars.

Il ne m'a pas fallu longtemps pour comprendre qu'ils savaient travailler, et qu'ils étaient sérieusement motivés.

— Je ne veux pas vous faire de fausses promesses, mais est-ce que ça vous dirait d'aller travailler en Alberta ?

Ils étaient prêts à aller sur la lune, s'il le fallait. J'ai donc téléphoné à la dame pour lui proposer leur candidature, et elle les a embauchés sur-le-champ. C'était un pur coup de chance, je sais. Mais les deux armoires à glace en étaient profondément reconnaissantes.

— *We will never forget what you did for us.*

Ça, ils me le prouveraient largement le moment venu.

En juin 2007, neuf longs mois après sa création, mon local a remporté sa première victoire quand la Commission des relations du travail a reconnu que mon ami Gilbert Vachon avait été victime de discrimination et de représailles. Dans une décision historique, car c'était la première à être rendue dans le cadre de la loi 135 (entrée en vigueur fin 2005, elle régit la gestion de la main-d'œuvre dans l'industrie de la construction), la compagnie Liard Mécanique industrielle a été condamnée pour avoir porté atteinte à la liberté syndicale de Gilbert Vachon. Liard Mécanique a été sommée de lui verser une indemnité pour salaire perdu, ainsi qu'une compensation en dommages punitifs.

Avec le recul, il est évident que les responsables de la FTQ-C n'avaient pas bien pesé le pour et le contre en offrant leur soutien à Gilbert dans sa plainte contre Liard Mécanique au printemps 2006 (alors qu'il était toujours officiellement membre du local 2182). Ils n'avaient pas réfléchi à toutes les répercussions possibles s'il obtenait gain de cause. Parce que la victoire de Gilbert contre Liard a établi une jurisprudence qui pourrait se retourner un jour contre la FTQ-C, certains de ses locaux exerçant peut-être aussi un monopole oppressif sur de nombreux métiers.

L'autre chose à laquelle les dirigeants n'ont pas pensé quand Robert Laurin m'a encouragé à enregistrer des contracteurs, c'est que j'allais en enregistrer un maximum, peu importent leurs allégeances syndicales. Ma démarche n'était pas de privilégier un syndicat aux dépens d'un autre, mais de garantir l'accès aux chantiers sur la base des compétences des travailleurs, et non pas en fonction de la gang à laquelle ils appartenaient. Jocelyn, lui, ne voyait pas les choses du même œil. En fait, il était d'accord avec l'idée de faire condamner certains contracteurs, à condition de ne pas toucher aux amis de la FTQ-C. Je me souviens d'un échange qui ressemblait à ça :

— Ken, n'oublie pas qu'ils embauchent des milliers de nos gars.

— Peut-être, mais pas les miens.

— Arrête de faire l'imbécile, tu sais bien ce que je veux dire...

— Tu ne vas tout de même pas me demander de protéger des contracteurs qui font de la discrimination envers mes gars ?

À partir de ce jour-là, Jocelyn a commencé à dire à ses amis contracteurs de faire attention à moi. Dans le fond, c'est le premier à avoir essayé de me jeter dans la fosse aux lions. Ce qui est étrange : c'est lui qui avait offert le soutien de la FTQ-C à Gilbert Vachon, et il avait été le premier à m'encourager à enregistrer les contracteurs pour m'aider à gagner ma cause. Il avait aussi demandé à Robert Laurin de trouver le meilleur moyen légal de briser le monopole du 2182.

Mais quand Gilbert a gagné, tout a basculé. Du jour au lendemain, j'étais devenu une menace et mes histoires d'enregistrements ne faisaient plus rire personne à la tête de la FTQ-C. Jocelyn ne s'est d'ailleurs pas gêné pour me dire et me redire de laisser ses amis tranquilles. Pour me prévenir de ne pas jouer avec le feu. J'ai même entendu dire que, dans un meeting auquel assistait Jean Lavallée, il avait affirmé que si je gagnais mon combat, tous les locaux qui faisaient de la discrimination et de l'intimidation sur les chantiers (ou qui utilisaient des tactiques comme celles de Bernard « Rambo » Gauthier sur la Côte-Nord) se feraient tailler en pièces et perdraient leur pouvoir d'imposer leur loi sur les chantiers. Il serait même allé encore plus loin en brandissant le spectre de la fin du monopole syndical, ajoutant que j'allais faire tomber leur système et détruire leur mode de vie. Va savoir. Je n'étais pas là.

Mais c'est ainsi que je suis devenu le mouton noir de l'exécutif de la FTQ-C. La victoire de Gilbert Vachon devait être la première étape d'un long chemin de croix juridique qui permettrait à mes gars de travailler librement. Elle m'aura permis au contraire de découvrir le vrai visage de Jocelyn Dupuis.

La victoire de Gilbert contre Liard Mécanique avait motivé mes troupes, mais la réaction de Jocelyn, elle, m'avait fait comprendre que je livrerais désormais une bataille sur deux fronts. D'un côté, j'étais dans une guerre de tranchées contre le local 2182 de l'Inter et son travail d'intimidation auprès des contracteurs. De l'autre, il fallait me défendre face au discrédit croissant que Jocelyn faisait peser sur moi à la FTQ-C. Je devais donc à la fois protéger mes arrières et trouver du travail pour mes gars. Sur ce plan-là, il n'y avait pas cent solutions. Tant et aussi longtemps que je ne réussirais pas à faire tomber ceux qui favorisaient le maintien du système de collusion, et tant que mes gars seraient « blacklistés » au Québec, il me faudrait leur trouver du travail ailleurs. Et cet ailleurs, pour moi, s'appelait Alberta. J'avais eu des nouvelles de mes géants tchétchènes. Dans un courriel très touchant, ils m'écrivaient dans leur anglais de vache espagnole qu'ils voulaient m'inviter au restaurant la prochaine fois qu'ils passeraient à Montréal, « ... pour vous remercier de nous avoir tendu la main alors que personne d'autre ne le faisait... ».

C'était gentil, mais ils avaient simplement eu la chance d'être à la bonne place au bon moment. Ça faisait déjà un petit moment que je creusais le filon albertain dans l'espoir d'y mettre sur pied un réseau de contacts solide. Et les choses avançaient assez bien. J'en étais même arrivé à signer une convention collective avec un contracteur là-bas pour lui envoyer des gars. Mais l'Alberta n'était pas le seul endroit où j'avais réussi à caser du monde. Bien conscient qu'ils avaient des hypothèques à payer et des familles à nourrir, je leur avais trouvé des contrats jusqu'à Cuba et en Russie. Et plus mes gars travaillaient ailleurs, plus leurs compétences étaient reconnues, et plus ils étaient en demande. Partout, sauf au Québec. Les leaders de mon local ne baissaient pas les bras pour autant. Au contraire même. On était tous en mode attaque. On ne se contentait plus d'enregistrer les contracteurs délinquants, on avait aussi décidé de mettre sur écoute certains dirigeants de la FTQ-C. Et tout ça, alors même qu'on était en train de mettre au point une procédure pour lancer une méga poursuite contre l'ennemi numéro un, qui restait le local 2182 de l'Inter.

Bref, même si les choses ne bougeaient pas assez vite à mon goût, on était dans l'action. Mon pipeline albertain en était un bel exemple. En fait, il fonctionnait suffisamment bien pour attirer l'attention des autres directeurs de locaux, et en agacer certains à la tête de la FTQ-C, à commencer par Jocelyn Dupuis. Ça m'a sauté aux yeux lors d'un meeting de direction où j'avais dit à tous les directeurs réunis autour de la table que je devais une fière chandelle aux Albertains.

— Sans eux, plusieurs de mes gars auraient perdu leur maison, et leur famille serait à la rue aujourd'hui, parce qu'ils ne peuvent pas travailler dans leur propre province.

Ce que je disais était vrai, mais j'en beurrais un peu épais pour que les gars autour de la table comprennent que mes membres se sentaient abandonnés par eux. L'ambiance était lourde dans la salle alors que je continuais à vanter les mérites et l'audace des Albertains. Je racontais anecdote sur anecdote tout en regardant Jocelyn droit dans les yeux. Je sentais bien que je l'énervais. Je savais aussi qu'il ne supportait pas de se faire faire la morale. Je le voyais bouillir de l'intérieur. Au point de devenir rouge comme une tomate. Tout le monde dans la salle s'attendait à ce qu'il explose d'une seconde à l'autre, mais personne n'a cherché à calmer le jeu en me coupant la parole. J'ai donc continué à chanter les louanges de l'Alberta et à tourner le fer dans la plaie jusqu'à tant que Jocelyn m'interrompe sous le prétexte que ce n'était pas le sujet de la rencontre.

— Et puis, Ken, franchement, on ne peut pas dire que c'est bon pour l'image de la centrale de dire qu'on est obligé d'envoyer nos gars à l'extérieur du Québec pour travailler.

Un silence de plomb s'est abattu sur la salle. D'un coup, tout le monde semblait vouloir être ailleurs. J'ai regardé les gars un à un avant de me tourner vers Jocelyn.

— Tu veux dire pour l'image d'une centrale qui ne fait rien pour aider mes gars à trouver du travail au Québec?

On aurait entendu une mouche voler. Personne à la FTQ-C ne haussait le ton devant Jocelyn Dupuis. Personne ne le contredisait. Jamais. Les directeurs des locaux n'étaient rien de plus que des moutons pour lui. Des suiveux qu'il contrôlait en les gavant au restaurant, en les amenant au Centre Bell et en les débauchant dans des bars de danseuses. Pour Jocelyn, à partir du moment où il t'offrait un salaire, un bureau, un cellulaire, un compte de dépenses et une allocation pour ta voiture, il te tenait par les couilles. Et ça semblait fonctionner à merveille avec tout le monde... Mais pas avec moi. Parce que mon père m'a appris très jeune que je n'étais pas à vendre. Et que je ne devais jamais me mettre dans une situation où quelqu'un comme Jocelyn Dupuis m'obligerait à manger dans sa main.

J'ai continué sur ma lancée:

— T'es incroyable, Jocelyn. Tu es venu me chercher pour recruter des mécaniciens industriels. Plus de deux cents gars m'ont fait confiance et sont passés à la FTQ-C, où ils ne peuvent même plus travailler. Et là, toi, en plus de ne pas chercher à les aider, tu as peur que le fait qu'ils soient obligés de s'exiler en Alberta nuise à l'image de la centrale. Non mais, je rêve...

Jocelyn s'est mis à gesticuler dans tous les sens en criant que je n'y comprenais rien. Je n'ai rien répondu. Pas besoin. Je l'avais piqué à vif et j'avais fait passer mon message devant tout le monde. De toute façon, personne ne soufflait mot dans la salle. Ils avaient tous la tête rentrée dans les épaules en attendant que l'orage passe. Je me suis calé dans mon fauteuil en attendant que quelqu'un se décide à revenir à l'ordre du jour.

À la fin de la réunion, Jocelyn s'est levé et a traversé la pièce pour me parler. Il avait un air jovial et je ne sais pas si c'était pour sauver la face, mais il m'a dit à peu près ça, entre deux claques dans le dos :

— C'est super, Ken. C'est très important pour moi qu'on se dise les vraies affaires. C'est comme ça qu'on arrive à faire avancer les choses...

Il m'a dit ça avec un grand sourire, en partant. À la tête que faisaient les autres directeurs qui étaient debout à nos côtés, j'ai compris qu'ils ne voyaient pas tous la chose du même œil.

En sortant de la salle de réunion, Yves Mercure, le directeur du local 9, celui des charpentiers et menuisiers, fort de plus de vingt mille membres, m'a abordé discrètement pour me confier qu'il y avait de sérieux problèmes à la FTQ-C. Comme je n'étais pas sûr de comprendre à quoi exactement il faisait allusion, j'ai fait le coup du gars qui est bien au fait de la situation, mais qui est curieux d'en savoir plus. Et là, il a ouvert les vannes. En rafale, il m'a raconté des histoires de soirées arrosées et de matchs de hockey où des milliers de dollars étaient dépensés. Il a terminé son déversement de reproches en affirmant que Jocelyn Dupuis était un fou furieux qui se foutait non seulement de nos gars depuis qu'il n'avait pas obtenu les 50 % +1, mais aussi des directeurs qu'il avait recrutés.

— Il ne tient aucun des engagements qu'il a pris envers nous. Toutes ses promesses se sont révélées fausses. Et il s'en fout si nos gars crèvent de faim pendant qu'il gaspille comme un malade.

— Gaspille?

— Oui, il dépense vraiment comme un fou.

Je ne m'attendais pas à autant de hargne. Mercure en avait vraiment beaucoup, mais beaucoup, sur le cœur.

— Pourquoi tu ne le dénonces pas à l'exécutif?

Mon ancien collègue, aujourd'hui décédé, m'a regardé d'un air découragé, avant de lever les yeux au ciel. Un peu plus et il me traitait de con.

— Parce qu'ils sont tous dans le coup et que j'ai peur de me faire ramasser.

D'autres, comme Yves Ouellet et Mario Basilico, ne tardèrent pas à venir se confier. La grogne s'installait lentement, mais sûrement dans les locaux de la FTQ-Construction. Mais je connaissais trop bien ce genre de complaintes, qui aboutissent trop souvent à rien parce que personne n'a le courage de tenir son bout. C'est même un des schémas classiques du mouvement syndical : plus les gens chialent, plus ils potinent et s'apitoient sur leur sort, moins ils agissent et moins les choses changent. J'avais quitté l'Inter en grande partie pour cette raison. C'est pourquoi les remontrances des autres directeurs de locaux à propos du style de vie de Jocelyn ne m'ont pas vraiment alarmé. Ça ressemblait surtout à de la jalousie.

Et puis, j'avais d'autres chats à fouetter que de m'occuper des comptes de dépenses du directeur général. Je devais continuer mon combat. Je me suis mis à écrire lettre sur lettre pour attirer l'attention sur l'injustice dont mes hommes étaient victimes. J'ai écrit et téléphoné à la Commission de la construction du Québec (CCQ), aux normes du travail et à des ministres du Travail, mais tout le monde se rejetait la balle. J'ai aussi cherché à attirer l'attention des médias, mais le placement syndical n'intéressait personne en 2007. L'intimidation et la collusion non plus.

Qu'à cela ne tienne: mon équipe avait assemblé suffisamment d'éléments de preuve contre le local 2182 pour attaquer l'Inter en justice. Je suis allé rencontrer Robert Laurin pour lui remettre le dossier et lancer la poursuite qui allait faire éclater au grand jour l'injustice dont mes gars étaient victimes depuis qu'ils avaient rejoint la FTQ-C. On n'y allait pas de main morte: mon local réclamait plus de sept millions de dollars au local 2182. Quand je suis retourné le voir quelques jours plus tard pour finaliser le dossier, Laurin avait l'air contrarié.

— Tu as réellement enregistré Ganotec?

— Oui.

— Et Gastier Mécanique aussi?

— Oui.

Il m'a regardé d'un drôle d'œil. En fait, il semblait plus découragé que fâché.

— Écoute, Ken. Tu sais bien qu'on ne peut pas poursuivre Ganotec et Gastier...

J'aurai pu faire le malin et répondre: «Ah, bon! Pourquoi?» Mais je n'avais aucune raison de jouer à ce jeu-là avec lui. Laurin avait toujours été correct avec moi.

— Tu ne pourras pas te servir des enregistrements de tes conversations avec Ganotec et Gastier dans ta poursuite. J'ai essayé de les faire accepter par Jocelyn, mais ça n'a pas passé.

Il avait l'air sincèrement désolé. Du coup, j'ai osé lui poser la question:

— C'est parce que ce sont les amis de Jocelyn Dupuis et de Johnny Lavallée?

Il a hésité longtemps avant de me répondre. Il savait que je connaissais la réponse.

— Parce que c'est compliqué... et politique.

La réponse de Robert Laurin ajoutait à l'impression grandissante en moi que la FTQ-C faisait deux poids deux mesures en fonction des contracteurs. D'un côté, il y avait ceux que j'étais libre d'attaquer et de l'autre, les intouchables.

— Tu les as énervés...

Je savais bien que je jouais avec le feu en incluant Ganotec et Gastier dans ma poursuite, c'est vrai. Mais ce n'est pas la même chose de s'entendre raconter la réaction de ses patrons. Or Bernard Girard, le vice-président de l'exécutif de la FTQ-C, s'était empressé de me faire un résumé complet de la réunion de l'exécutif où il avait été question de mes enregistrements des compagnies de Tony Accurso et d'Eugène Arsenault, amis, respectivement, de Johnny Lavallée et de Jocelyn Dupuis.

— ... Mais *vraiment* énervés.

Selon Girard, Jocelyn et Johnny s'étaient levés tour à tour pendant la réunion pour secouer les troupes et jouer encore la carte de la peur. Ils auraient dit, en gros :

— Écoutez bien, les gars. Si on laisse faire Ken, vous allez perdre des membres. S'il gagne sa cause, ça va faire jurisprudence. Tu sais ce que ça veut dire pour toi, Yves [Mercure], avec tes charpentiers-menuisiers ? Et pour toi, Bernard [Girard], avec tes opérateurs de machineries lourdes ? Ou pour toi, Yves [Ouellet], avec tes poseurs de revêtements souples ? Vous avez dans vos locaux la majorité des travailleurs de vos corps de métiers. Ça veut dire que tous les petits locaux de merde vont pouvoir se servir de la jurisprudence pour vous affaiblir et vous gruger des membres...

Johnny Lavallée leur aurait donné l'exemple d'un local comme le 568, à l'Inter, qui compte à peine 12 % des électriciens au Québec, et qui pourrait voler des membres à la FIPOE. Il faut dire que la Fraternité interprovinciale des ouvriers en électricité était le local de Johnny, sa chasse gardée, sa fierté.

Il le protégeait comme la prunelle de ses yeux. Toujours à en croire Bernard Girard, l'intervention de Jocelyn et Johnny se serait terminée de la façon suivante:

— Pensez-y les gars. Pensez-y bien. Êtes-vous vraiment prêts à prendre le risque de perdre des milliers de membres à cause d'un braillard qui n'a que 200 membres?

J'écoutais Girard en me disant que c'était salaud, mais habile de leur part. S'attaquer à la poche des gars était la meilleure façon de les intimider. En leur disant que s'ils se montraient solidaires à ma cause, ils perdraient de l'argent et du standing, Jocelyn et Johnny mettaient leur statut de directeurs dans la balance: ils risquaient de se retrouver dans la boue, sur les chantiers. C'était la différence entre eux et moi. Ils étaient prêts à tout pour s'accrocher au pouvoir et préserver les avantages de leur statut. Moi, j'étais prêt à tout pour faire tomber le système. Avec ou sans les enregistrements de Ganotec et Gastier Mécanique... et avec ou sans ceux des membres de l'exécutif.

CHAPITRE VI

Le mardi 9 octobre 2007, le local 1981 a officiellement déposé une plainte de plus de 7 millions de dollars contre le local 2182. Le communiqué de presse émis par la FTQ-C recadrait non seulement notre démarche dans son contexte historique, mais confirmait aussi que, malgré ses réticences, la centrale nous soutenait dans notre démarche.

La section locale 1981 de la FTQ-Construction entend bien mettre un terme aux pratiques discriminatoires du «local 2182», affilié au CPQMC-International. Aujourd'hui même, la section locale 1981 de même que 73 de ses membres de la région de Montréal ont déposé une poursuite devant la Commission des relations du travail contre le «local 2182» pour plusieurs millions de dollars.

Malgré la ferme prohibition de toute forme de pratique discriminatoire pour des raisons d'allégeance syndicale dans l'industrie de la construction, il semble bien que le «local 2182» ait opté pour cette méthode on ne peut plus douteuse. Ainsi, des travailleurs membres de l'Association nationale des mécaniciens industriels – section locale 1981 de la FTQ-Construction – ont subi menaces et intimidation de la part du 2182. Par ces pratiques datant d'une autre époque, le 2182 cherche à boycotter certains travailleurs ayant choisi le 1981 comme syndicat.

Pour la section locale 1981, cette situation est absolument inadmissible: «Nous ne laisserons pas nos membres se faire intimider de la sorte. Ce genre de pratiques est complètement dépassé. Le 2182 fait fausse route en usant de menaces et de discrimination pour tenter de contrôler le métier de mécanicien industriel et nous leur montrerons que cette époque est révolue!», de s'expliquer Ken Pereira, directeur de la section locale 1981.

Boycottés en raison de leur choix syndical et ne pouvant travailler à cause des menaces, du chantage et de l'intimidation exercés par le «local 2182» auprès des employeurs, ces travailleurs ont été brimés dans leurs droits: celui de travailler et celui de vivre librement leur allégeance syndicale. Priver des travailleurs de leur droit de travailler entraîne aussi des conséquences désastreuses impliquant leurs proches.

Pour toutes ces raisons [...] les plaignants demandent une compensation financière pour les heures de travail perdues [à cause] des pratiques du 2182. Considérant les heures travaillées comptabilisées par l'ensemble des mécaniciens industriels de la région de Montréal, chaque plaignant réclame à la section locale 2182 la somme de 20 984,23 $ en salaire perdu, incluant la prime pour les équipements de sécurité prévue par la convention collective, de même que les avantages sociaux.

De plus, considérant que ces actes de discrimination envers les membres de la section locale 1981 étaient délibérés et volontaires et qu'il ne s'agit pas d'événements ponctuels et isolés, chacun des plaignants est en droit de réclamer la somme de 25 000 $ en dommages exemplaires de même que 50 000 $ en dommages punitifs.

Cette poursuite contre le «local 2182» vise à dédommager les travailleurs pour les méfaits dont ils ont été victimes et pour les salaires perdus en raison des pratiques de discrimination exercées par le 2182, pratiques pourtant vivement prohibées et si largement dénoncées dans l'industrie.

Après des mois passés à rassembler des preuves et à jouer aux agents secrets, le dépôt de la plainte a provoqué quelque chose que personne n'avait vraiment vu venir au sein du local

1981 : un gros sentiment de vide. Ça faisait déjà près d'un an et demi que mes gars étaient plongés dans un scénario perdant, et ils étaient conscients que les procédures juridiques seraient longues et que la partie était loin d'être gagnée. Les semaines qui ont suivi le dépôt de la plainte ont donc été difficiles.

En novembre 2007, la nouvelle de la mise en lock-out des 260 travailleurs de la raffinerie Petro-Canada dans l'est de Montréal a semé la panique dans les locaux de la FTQ. Les travailleurs grévistes étaient remplacés par 130 employés cadres, chargés d'opérer les installations à leur place. La FTQ a tout de suite remis en question la capacité de ces derniers à exécuter ces tâches dans les règles de l'art et, surtout, en toute sécurité. Comme la santé et la sécurité étaient l'un des sujets de discorde entre la partie patronale et les 260 travailleurs membres du Syndicat canadien des communications, de l'énergie et du papier (SCEP), affilié à la FTQ, c'était le bon clou à enfoncer. La FTQ s'est aussi empressée de citer le rapport d'enquête sur une explosion qui avait eu lieu dans une raffinerie du Texas, en 2005, et où 15 travailleurs avaient péri. Selon ce rapport dévastateur, le surmenage et l'épuisement étaient à l'origine de la mort de ces derniers. Pour le président de la FTQ, il fallait agir de façon responsable afin d'éviter une nouvelle tragédie. Dans un communiqué, Michel Arsenault avait déclaré : « Il ne faut pas attendre une catastrophe pour agir. Par son attitude, Petro-Canada met en danger ses propres cadres ainsi que la population de l'est de Montréal. Cent trente administrateurs ne peuvent pas remplacer 260 travailleurs aguerris et au fait des opérations d'une telle raffinerie. Petro-Canada doit revenir à la raison et négocier de bonne foi avec ses travailleurs. »

Arsenault en avait aussi profité pour rappeler que les salariés de Petro-Canada étaient sans contrat de travail depuis plus de huit mois. Il se demandait aussi pourquoi Petro-Canada cherchait à imposer un contrat de six ans à ses employés montréalais, alors qu'elle avait signé des conventions collectives de trois ans dans ses installations ailleurs au pays. Il ne faisait plus aucun doute pour le président de la FTQ et les responsables du SCEP que Petro-Canada traitait ses employés de Montréal comme des citoyens de seconde classe. « Pourquoi ce traitement discriminatoire ? Les travailleurs québécois ne sont pas différents des autres travailleurs à travers le pays », avait d'ailleurs demandé Joseph Gargiso, vice-président au SCEP-Québec.

L'ardeur avec laquelle la FTQ s'était mobilisée pour cette cause m'a profondément irrité ; si la FTQ était prête à soulever des montagnes pour les 260 travailleurs de Petro-Canada, pourquoi n'en faisait-elle pas autant pour mes 240 mécaniciens industriels ? D'un autre côté, j'étais conscient de l'impact médiatique d'une grève dans une raffinerie. J'étais conscient aussi que Michel Arsenault, qui venait à peine de remplacer Henri Massé à la tête de la FTQ, voulait faire preuve de leadership. D'autant plus qu'il devait tenir compte d'autres considérations, à commencer par le projet d'unité de cokéfaction que Petro-Canada comptait installer à Pointe-aux-Trembles pour raffiner son pétrole.

Arsenault voulait donc frapper un grand coup. C'est pourquoi il a demandé à la division construction de la FTQ de l'aider dans sa démarche. En fait, il voulait que nos gars qui travaillaient à la raffinerie mais qui n'étaient pas impliqués dans le conflit fassent monter la pression en ralentissant la cadence. Il fallait forcer Petro-Canada à revenir à la table de négociation.

Les semaines passaient, et c'était toujours l'impasse. Michel Arsenault, déterminé plus que jamais à faire sa marque, a alors convoqué tous les directeurs de la FTQ-C à une réunion d'urgence. Sur le coup, je n'ai pas bien compris pourquoi, mais la rencontre avait été organisée dans les bureaux de la FIPOE, le local des électriciens de Johnny Lavallée, qui était le président de la FTQ-C.

La demande d'Arsenault était claire : il fallait trouver les moyens d'appuyer nos confrères du SCEP afin que Petro-Canada comprenne que l'étau se resserrait. Sa stratégie n'était pas mauvaise. Il voulait mettre tout le poids de sa centrale dans la balance. Il y avait de l'urgence dans la voix du président de la FTQ, mais je ne pouvais pas m'empêcher de penser à mes gars, et au fait que la FTQ n'avait jamais levé le petit doigt pour eux. Michel Arsenault demandait à tous les locaux affiliés de la FTQ de faire preuve de solidarité en apportant leur soutien financier aux victimes du lock-out.

Je n'en croyais pas mes oreilles, d'autant qu'il restait encore pas mal d'argent dans le fonds de grève du SCEP. Et pourtant, comme un seul homme, les directeurs ont sorti leurs chéquiers. Un chèque par ici, un chèque par là... On aurait dit que l'argent tombait du ciel.

Michel Arsenault nous a ensuite demandé de nous engager à lui fournir des hommes pour les lignes de piquetage. Il a même fait un tour de table pour demander à chaque directeur le nombre de gars qu'il pourrait mettre à sa disposition. Lorsque mon tour est arrivé, je lui ai répondu que je lui en fournirais plus que tous les autres.

— Environ quatre-vingt-dix gars. Soit tous les mécaniciens industriels membres de mon local dans la région de Montréal. Ce n'est pas difficile pour eux. Ils ne travaillent pas, alors ils ont le temps.

L'occasion était trop belle. Dans la foulée, j'ai déballé tout ce que j'avais sur le cœur. Je ne pouvais pas m'en empêcher : si je ne l'avais pas fait, jamais mon histoire ne se serait rendue jusqu'au président de la FTQ. Parce que ce n'était rien de plus qu'un problème interne qui n'avait pas à sortir des murs de la FTQ-Construction.

J'ai senti quelques regards en coups de poignard dans mon dos. Je mettrais ma main à couper que certains se sont dit : « Ah, non ! Pas encore lui, maudit fatiguant... »

Michel Arsenault, lui, a réagi en professionnel. Sur un ton calme et présidentiel, il m'a répondu à peu près ceci :

— Écoute Ken, il y a de la place pour tes gars à la FTQ. Et je suis sensible à ta cause. Je la soutiens, même. Mais ce n'est pas de ça qu'il s'agit aujourd'hui. On est là pour parler du lock-out de Petro-Canada.

— Je comprends. Merci. Mais voilà pourquoi je m'engage à envoyer quatre-vingt-dix hommes sur les lignes de piquetage.

Il m'a remercié, et puis il m'a donné rendez-vous pour que je vienne lui parler de mes gars. Il m'a surpris en m'invitant devant tout le monde. Ce n'est pas facile d'avoir accès au président de la FTQ, surtout pour le directeur d'un petit local, quand on sait que la centrale compte plus de 600 000 membres. Ce n'était donc pas rien, pour moi, qu'il m'accorde quelques minutes de son temps.

À la fin de la réunion, j'ai interpellé les représentants du SCEP ; c'était plus fort que moi. Je n'ai pas pu m'empêcher de leur rappeler que, s'ils ne se gênaient pas pour nous appeler en renfort à chaque fois qu'ils renégociaient une convention collective, ils devraient au moins avoir la politesse de nous rendre la pareille.

— Comprenez-moi bien, c'est normal, pour moi, de vous aider. Après tout, on fait partie de la même centrale. Mais vous pourriez me donner un coup de main en retour, non ? En faisant pression sur Ganotec et Gastier Mécanique, par exemple, pour qu'ils embauchent mes gars. Parce que ces compagnies exécutent des travaux dans la raffinerie qui a mis vos membres en lock-out, mais refusent toujours de faire travailler les miens. Vous devriez m'aider à les défendre. Ils sont autant FTQ que vos gars, non ?

Je les ai regardés hocher la tête en chœur, et j'ai compris qu'il ne fallait pas compter sur eux.

Ma petite sortie devant Michel Arsenault n'avait pas fait l'unanimité au sein des dirigeants de la FTQ-C. À commencer par Jocelyn Dupuis, avec qui je m'étais à nouveau accroché au sujet de Ganotec et Gastier Mécanique. Au retour d'un rendez-vous à Laval, je repensais à tous les gars à qui j'avais téléphoné pour leur demander de faire du piquetage à Petro-Canada. Je les trouvais vraiment beaux joueurs d'avoir accepté de venir défendre les membres d'une centrale qui les avait abandonnés. Je repensais au stress financier auquel ils étaient soumis, aux tensions que le chômage prolongé provoque au sein d'une famille. Je roulais sur l'autoroute 15 en direction de Montréal en écoutant de la musique. Il était environ trois heures quand, tout à coup, j'ai été percuté sur le côté par un énorme pick-up de construction. Il m'est rentré dedans comme les policiers au cours d'une poursuite quand ils cherchent à faire perdre le contrôle de son véhicule à un voleur. Ma voiture est partie dans tous les sens, et j'ai fait deux tonneaux. Quand tout a arrêté de bouger, l'auto avait les quatre roues en l'air, et moi, la tête à l'envers. Le temps de défaire ma ceinture et de sortir par la fenêtre, je suis parti à courir en direction du pick-up qui s'était immobilisé sur le bas-côté. Comme si son chauffeur voulait voir dans quel état j'étais. Il est reparti comme une flèche dès qu'il m'a aperçu. Pile avant que je m'écroule au milieu de la route.

Je me suis retrouvé dans un hôpital de Laval, avec le sternum écrasé et une côte cassée. Ils m'ont gardé 24 heures en observation, pendant lesquelles j'ai eu le temps de laisser libre cours à mon imagination et d'inventer les pires cauchemars. J'ai finalement préféré ne pas m'embarquer dans ce genre de mauvais délires. Je me suis donc fait à l'idée que j'avais eu un accident.

En arrivant sur les lignes de piquetage, le lendemain, les gars ont tout de suite compris qu'il m'était arrivé quelque chose. Je leur ai raconté l'accident en détail. La police n'avait pas retrouvé le conducteur du pick-up. J'avais le corps encore raide et endolori, et le pas hésitant. Tout le monde s'entendait pour dire que j'avais été drôlement chanceux. Ils voulaient tous savoir quel effet cela faisait de faire des tonneaux.

C'est sur les lignes de piquetage que j'ai eu écho de certaines rumeurs inquiétantes à propos des travaux en cours chez Petro-Canada. Tout le monde savait que la compétition était féroce entre la FTQ et l'Inter sur le chantier, et que toutes les occasions étaient bonnes pour se mettre des bâtons dans les roues. La tension avait monté d'un cran avec le lock-out. Mais jusque-là, on était en terrain connu. Pas toujours reluisant, mais familier. Or, selon ce qui se murmurait, Johnny Lavallée (et la FIPOE) était en train de négocier en coulisse avec son ennemi Gérard Cyr, directeur du local 144 des tuyauteurs et soudeurs à l'Inter, et le patron de Ganotec, pour installer de la machinerie dans la raffinerie pendant que des travailleurs membres de la FTQ étaient en lock-out. C'était totalement inacceptable d'un point de vue syndical. C'est un principe de base : tu ne brises pas tes propres lignes de piquetage, et encore moins lorsque le président de ta centrale t'a demandé de te montrer solidaire des travailleurs en lock-out.

Je n'arrivais pas à le croire. Johnny Lavallée, président de la FTQ-C et directeur de la FIPOE, en train de négocier dans le dos de ses membres ? Si la rumeur se confirmait, cela ferait de Johnny, celui-là même qui nous encourageait à être forts et à nous tenir debout, un véritable traître. Comme je n'arrivais pas à l'accepter, j'ai contacté un copain syndicaliste à l'Inter, où, malgré tout, il me restait encore quelques amis. Dès qu'il m'a confirmé la rumeur, je suis allé confronter Johnny Lavallée. Ça tombait bien, il était en réunion, et Jocelyn Dupuis et Michel Arsenault étaient présents.

— C'est vrai ce qui se dit sur les lignes de piquetage ? Elles sont vraies les rumeurs ?

J'étais sur le point de péter ma coche. J'étais tellement furieux que je sentais presque l'écume me monter aux lèvres. Le masque tombait. Johnny s'agitait sur sa chaise. Il a commencé à dire quelque chose, mais je l'ai coupé. Enfin, j'ai continué sur ma lancée, en ponctuant mes phrases de sacres et autres gros mots que je vous laisse imaginer.

— C'est vrai que t'es prêt à briser les lignes de piquetage pour faire travailler tes gars?

J'avais appris en parlant à mon copain que dès l'instant où la FIPOE avait réalisé que l'Inter ne serait pas solidaire des travailleurs du SCEP en lock-out et que ses membres allaient continuer à travailler normalement, Johnny Lavallée avait eu peur que les moyens de pression de la FTQ lui fassent perdre des jobs sur le chantier de Petro-Canada.

— Tu négocies avec l'Inter et Ganotec pendant que j'ai des centaines de gars dehors sur les lignes de piquetage pour montrer que la FTQ-C est solidaire des travailleurs en lock-out?

Johnny a pris une grande inspiration avant de me ressortir l'explication habituelle: les choses étaient pas mal plus compliquées qu'elles en avaient l'air. Ça ne m'a pas convaincu.

— C'est pas compliqué du tout. Pour faire travailler tes gars, tu es prêt à contourner les lignes de piquetage de la FTQ et à négocier avec un contracteur qui refuse de faire travailler mes gars et avec l'Inter, avec qui je suis en guerre.

J'ai quand même dit à Johnny Lavallée que je comprenais bien sa réticence à mettre en péril des milliers d'emplois pour 260 travailleurs de la SCEP, laquelle, en plus, se montrait rarement solidaire.

— Je comprends ce que tu fais, mais je n'accepte pas ton double jeu. C'est dégueulasse. Cela va à l'encontre des valeurs syndicales...

Alors Johnny m'a répété pour la énième fois que les choses étaient beaucoup plus compliquées que ça. Je revois sa grosse bouille ronde. Son langage corporel me disait qu'il était à la fois mal à l'aise et énervé. À côté de lui, zéro subtil, Jocelyn me regardait comme si j'étais le pire emmerdeur du monde. C'est le moment que Michel Arsenault a choisi pour essayer de tempérer ma colère.

— OK, les gars. Déjà, on va commencer par se calmer. Ensuite, on va se parler comme du monde. Écoute-moi bien, Ken, c'est vrai que la situation dans laquelle les gars de ton local se retrouvent aujourd'hui n'est pas facile. Sauf que ça fait aussi partie de la réalité syndicale...

Arsenault venait de reconnaître qu'il était pratiquement impossible dans le système actuel de défendre les droits d'un petit local comme le mien, parce qu'il y a des monopoles syndicaux dans les métiers de la construction au Québec. Certains syndicats se sont attribué des privilèges et des exclusivités qu'ils défendent bec et ongles, ce que le président de la FTQ savait très bien. Ça ne l'empêchait pas pour autant de faire l'autruche comme les autres sous prétexte qu'il fallait préserver l'équilibre des choses, maintenir une certaine paix sociale. C'est pour ça que les locaux avec le plus de membres ne s'attaquaient pas entre eux, par exemple. Et qu'ils ne se maraudaient pas non plus. Il leur fallait maintenir le *statu quo* qui permettait de protéger leurs acquis. C'est pourquoi la FIPOE négociait dans le dos du SCEP : ce dernier ne représentait rien pour elle, comparativement aux milliers d'électriciens de la FIPOE, dont les cotisations garnissaient les coffres. C'est aussi pour cette raison que Johnny Lavallée était prêt à tout pour ne pas perdre de contrats sur les chantiers de Petro-Canada, même à trahir les valeurs syndicales en traversant les lignes de piquetage, même à laisser crever de faim 260 travailleurs en lock-out...

Ce jour-là, j'ai enfin compris à qui j'avais affaire. J'étais dans un panier de crabes. Dans une centrale où le chacun pour soi des dirigeants l'emportait de loin sur le bien-être des membres. N'en déplaise à Johnny Lavallée, le président fondateur de la FTQ-C, je venais de comprendre que les choses étaient très simples : tous les coups étaient permis. Ce jour-là, j'ai jeté les gants.

Chapitre VII

Ce n'est pas parce que je savais à quoi m'en tenir à l'égard de Jocelyn Dupuis et de Johnny Lavallée que ça me simplifiait la vie. Au contraire, j'étais coincé plus que jamais. D'un côté, j'avais un directeur général qui flouait sans le moindre état d'âme ceux qui lui avaient fait confiance et, de l'autre, un président qui se préparait à briser ses propres lignes de piquetage. Ajoutez à cela que les deux étaient prêts à beaucoup de choses pour aider à enrichir les compagnies de leurs amis contracteurs, et vous comprendrez à quel point le climat de travail à la FTQ-C, au début de l'année 2008, était maussade à mes yeux. La trahison est quelque chose de difficile à vivre, tout comme la déception et l'impression d'avoir été naïf et aveuglé par ses idéaux. Je n'étais pas le seul dans cette situation. Les autres directeurs qui s'étaient joints comme moi en 2006 à la FTQ-C se sentaient eux aussi abandonnés par la direction d'une organisation qui favorisait ouvertement une poignée d'individus au détriment de milliers d'autres.

On en discutait souvent entre nous, nous, les perdants de l'élection de 2006. À la cafétéria, ou dans l'ascenseur du stationnement. Mais jamais vraiment devant Jocelyn et Johnny. Avec le premier, ça n'aurait servi à rien, parce qu'il mentait comme un arracheur de dents. Quant au second, il se souciait plutôt de garantir un accès privilégié aux millions du Fonds de solidarité à ses amis contracteurs, à commencer par Tony

Accurso. Mais à sa décharge, si on oublie l'histoire de Petro-Canada, Johnny avait repris du poil de la bête depuis qu'il avait eu vent du fait que Jocelyn complotait contre lui pour la deuxième fois en deux ans. Et il se souvenait que je lui avais mis la puce à l'oreille, un an plus tôt, alors que Dupuis cherchait à le pousser vers la sortie en profitant du départ d'Henri Massé de la tête de la FTQ. Comme nos bureaux étaient dans les mêmes locaux, j'étais au courant des manigances de Jocelyn, qui ne cachait pas son exaspération à l'égard de son rival. J'avais été assez fier de jouer les devins, la veille du dernier congrès de Massé comme président, en novembre 2007:

— Johnny, demain, Henri va te demander de démissionner...

Je le revois encore rejeter cette idée du revers de la main. Le lendemain, Henri lui avait bel et bien demandé s'il voulait le suivre dans sa retraite. Johnny avait refusé, mais à partir de ce moment, la guerre était déclarée avec Jocelyn.

Deux choses revenaient en boucle dans mes conversations avec les autres directeurs au cours de cette période: le fait que Jocelyn jetait l'argent des travailleurs par les fenêtres, et la façon qu'il avait de s'afficher avec de moins en moins de gêne avec le crime organisé. Il m'était difficile de faire la part des choses sur ce point. Jocelyn était un beau parleur qui, en même temps, manquait de confiance en soi: pour lui, tous les moyens étaient bons lorsqu'il s'agissait d'enjoliver sa réputation et de se conforter dans son statut de gros bonnet. Il fallait donc en prendre et en laisser. D'un autre côté, plusieurs des endroits qu'il fréquentait avaient une réputation sulfureuse. Notamment le Cavalli, un restaurant italien du centre-ville de Montréal qui, selon les autorités, était fréquenté par les motards et la mafia italienne.

Entre deux séances de commérages, je continuais à développer mon réseau de contacts en Alberta, où de plus en plus de mes gars travaillaient sur une base régulière. Je cherchais aussi à relancer l'intérêt des médias envers l'injustice dont ils étaient toujours victimes. Mais je devais me rendre à l'évidence : mes histoires de placement syndical, d'intimidation et d'exil forcé en Alberta n'intéressaient plus les journalistes. Mes coups d'éclat des premiers mois à la FTQ-C étaient devenus de vieilles histoires. La réalité n'avait pas changé d'un iota, mais les chasseurs d'actualité étaient passés à autre chose.

Après leur exclusion des chantiers, mes gars devaient surmonter une frustration de plus : l'usure du temps. Ça faisait pratiquement deux ans qu'ils étaient bannis du Québec. Et deux ans sans pratiquer son métier, pour un mécanicien industriel, cela revient presque à déchirer ses cartes de compétence. Je devais absolument trouver un nouveau moyen de piquer la curiosité des journalistes pour éviter que mes gars sombrent dans l'oubli...

Mon blues des travailleurs floués n'était plus assez sexy pour attirer l'attention des médias. Alors j'ai pensé qu'ils devraient se régaler de l'histoire d'un dirigeant syndical qui dépense l'argent de ses travailleurs dans des clubs de danseuses et des restaurants mafieux.

J'aurais préféré, et de loin, régler mes différends avec la direction de la FTQ-C à l'interne. On aurait lavé notre linge sale en famille, et j'aurais défendu la cause de mes gars devant les tribunaux. Mais au point où on en était, les factures, qui n'étaient pas pour moi le cœur du problème, m'apparaissaient comme la bonne carte à jouer.

C'est Yves Mercure, le directeur général adjoint de l'époque, qui m'avait mis la puce à l'oreille en laissant entendre que les dépenses excessives de Jocelyn pourraient bien entraîner sa perte. J'avais ensuite discuté avec mes amis Marc Allard et Gilbert Vachon (respectivement président et secrétaire financier du local 1981) de l'idée d'exploiter les dépenses de Jocelyn, son talon d'Achille. Nous nous sommes entendus pour provoquer une crise interne qui remettrait en cause le système en place à la FTQ-C.

Avec la même détermination dont nous avions fait preuve avec les enregistrements, nous avons élaboré ensemble un nouveau plan d'attaque. Notre objectif était simple : démontrer hors de tout doute raisonnable aux responsables de la FTQ-C que leur centrale était dirigée par un bon à rien qui mettait leur organisation en péril. Personnellement, je comptais aussi me servir du train de vie de Jocelyn comme d'un levier pour qu'il ne s'ingère plus dans les affaires de mon local. Mais ce que je souhaitais plus que tout, c'était que tout le monde à la FTQ-C réalise que Jocelyn était un petit truand et qu'il fallait le remplacer par quelqu'un de confiance. Un homme droit dans ses bottes qui assainirait les mœurs de la centrale en se débarrassant des bandits en cravate qui la dirigent.

Dans l'absolu, je rêvais d'un meneur avec qui faire équipe pour défendre tous les travailleurs de la FTQ-C. Et plus j'entrevoyais la possibilité de nous débarrasser de Jocelyn, plus j'étais convaincu que j'aurais enfin les coudées franches pour livrer ma véritable bataille, celle que je voulais mener contre l'intimidation et la discrimination.

Notre objectif était simple, mais sa mise en œuvre, elle, l'était un peu moins. Pour faire la preuve que Jocelyn dépensait bien au-delà de ce qui était raisonnable, il fallait mettre la main sur ses comptes de dépenses. Le hic, c'est que tous les comptes de dépenses des dirigeants de la FTQ-C étaient conservés dans le bureau du comptable Roland Brillon. Il fallait trouver le moyen d'y entrer sans se faire voir.

— Les reçus sont dans des classeurs verrouillés. Il va falloir débarrer les tiroirs pour les récupérer.

Marc et Gilbert étaient assis en face de moi et l'expression de leur visage reflétait ce que je pensais : plus facile à dire qu'à faire. C'est pourquoi j'ai préparé mon coup avec la même minutie que si je m'apprêtais à cambrioler une banque. Comme dans un film, je suis allé m'acheter des calepins pour inscrire les moindres allées et venues du comptable : l'heure à laquelle il arrivait au bureau, ses pauses café, ses visites aux toilettes, le temps qu'il prenait pour manger le midi, l'heure à laquelle il repartait le soir. Mais aussi les coups de fil qu'il passait, le nombre de personnes qui venaient le voir dans la journée, les tiroirs où il rangeait ses paperasses, etc.

J'ai observé tous les directeurs dont les bureaux étaient dans les parages de celui de Roland Brillon, au deuxième étage. À quels moments ils allaient lui remettre leurs comptes de dépenses ou chercher leurs remboursements... Je profitais du fait que j'étais moi-même directeur de local pour étudier son comportement à chaque fois que j'allais lui remettre des documents. Comment classait-il les papiers que je lui remettais? Est-ce qu'il les laissait sur son bureau, ou est-ce qu'il les rangeait sans attendre? Les comptables sont des bêtes d'habitude. Ils répètent toujours les mêmes gestes, et ils n'aiment pas trop la variété: même couleur de chaussettes, mêmes chemises, mêmes stylos, etc. Je le sais, ma sœur est comptable. Roland Brillon n'a fait que confirmer la règle: il n'y avait pas plus de deux minutes de différence d'un jour à l'autre dans sa routine.

On dit que c'est toujours les cambrioleurs les moins organisés et les plus arrogants qui s'enfargent. Dans la plus grande discrétion, j'ai noté le maximum d'observations possible pendant presque six mois. Je voulais mettre toutes les chances de mon côté, être absolument sans faille avant de passer à la deuxième phase de mon plan: déverrouiller les classeurs.

Observer les gens est à la fois curieux et amusant. C'est très révélateur aussi. Prenons l'exemple de Jocelyn Dupuis. Sa routine consistait à déposer les reçus de ses dépenses au bureau chaque lundi. Il arrivait le sourire aux lèvres avec sa pile de factures et il s'installait un long moment devant la photocopieuse pour en faire des copies. Il allait ensuite dans le bureau du comptable pour les lui remettre en mains propres. Leurs rencontres ne duraient jamais plus de quelques minutes. Le temps d'échanger quelques phrases anodines et des blagues de gars de chantier. Jocelyn réapparaissait le mercredi pour récupérer ses enveloppes de remboursements. Autrement, on ne le voyait pas beaucoup au bureau : il était trop occupé à prêcher la bonne parole syndicale en multipliant les bouteilles de vin dans les restaurants réputés et les bars louches de la province.

Ma propre routine comptable était similaire à celle de Jocelyn. Je donnais mes dépenses à Roland Brillon en début de semaine. Comme l'exige Revenu Québec, je notais toujours le nom des personnes rencontrées, ainsi que la date et l'objectif du rendez-vous. Ce qui avait poussé Brillon à me dire, peu après mon arrivée à la FTQ-C, que je n'avais pas besoin de faire du zèle.

— C'est bon, Ken. Pas besoin de m'écrire un roman...

— Mais c'est important, au cas où on aurait un audit, par exemple.

Il m'a regardé d'un air paternel.

— Fais comme tu veux, mon vieux...

J'ai répété les mêmes gestes pendant des semaines. Tous les lundis, j'apportais mes factures au comptable. Et puis, j'observais ce qu'il en faisait. Dans quel classeur les rangeait-il ? Est-ce qu'il le verrouillait aussitôt après ? Faisait-il des photocopies ? Où cachait-il ses clefs ? Je cherchais toujours à m'attarder un peu dans son bureau pendant qu'on discutait ensemble. Ce faisant, j'avais constaté qu'il rangeait toujours les factures de Jocelyn dans le classeur du milieu, le numéro 3. En revanche, je n'étais pas arrivé à savoir combien de temps il les conservait là avant de les transférer aux archives. Un mois ? Trois mois ? Six ? Reste qu'on savait qu'il nous fallait trouver le moyen d'ouvrir le classeur numéro 3 sans en avoir les clefs.

J'en ai parlé à mon ami Marc, mon inspecteur gadget. Il m'a conseillé de prendre en note le modèle du classeur et d'aller faire un tour chez Bureau en gros. Du coup, je suis resté au bureau plus tard que d'habitude ce soir-là pour photographier

la serrure et récupérer les infos, avant d'aller chez Bureau en
gros acheter un classeur identique pour me pratiquer à débarrer les tiroirs. J'avais même demandé à Marc de venir à la
maison un soir pour me chronométrer. C'était crampant. On
fredonnait la musique de *Mission Impossible* pendant qu'on
tentait d'ouvrir le tiroir le plus vite possible. Marc n'arrêtait
pas de m'agacer pour me mettre la pression. Il faisait même
semblant de surveiller la porte. C'était un jeu, mais j'étais
vraiment stressé.

— Dépêche-toi! Roland arrive. T'es vraiment pas un bon
voleur.

— Laisse-moi donc tranquille...

J'étais tout en sueur.

Nous avons passé ainsi plusieurs soirées à peaufiner notre
technique avant que je me sente enfin prêt à passer à l'acte.

Pendant ce temps, des mauvais coups se préparaient dans
les bureaux de la FTQ-C, où la tension entre les clans des pro-
Jocelyn et des pro-Johnny se faisait de plus en plus sentir. Des
deux bandes, c'est clairement celle de Jocelyn qui semblait la
plus vorace, à l'image de son chef. Dans le lot, il y avait les
inconditionnels (Richard Goyette, Robert Paul, Rénald Grondin, Serge Dupuis...), mais aussi quelques *double-faces* comme
Éric Boisjoli, Guy Martin et Pierre Morin, trois soi-disant fi-
dèles de Johnny.

Dans la même catégorie, il y avait aussi les deux Yves,
Mercure et Ouellet. Ils avaient été les premiers à me parler
des dépenses excessives de Jocelyn en me confiant à quel
point il était, selon eux, déconnecté de la réalité. Yves Ouellet
avait été secrétaire financier et était parfaitement au fait des
privilèges et des passe-droits dont bénéficiaient les têtes diri-
geantes de la centrale à l'époque. Mais voilà, sans doute parce
que les deux Yves avaient profité, eux aussi, de ces magouilles,
ils étaient rentrés dans le rang. Le moment venu, ils joue-
raient si bien à l'innocent pour protéger Jocelyn que Mercure

deviendrait président de la FTQ-C de 2008 à 2011, et Yves
Ouellet, directeur général de 2010 à... Tiens! il y est encore.

Personne ne savait rien de ces jeux de coulisse, à l'époque.
La FTQ-C était sur le bord de l'implosion, et tout le monde
dormait au gaz. Si Johnny Lavallée pouvait, de son côté, compter sur l'appui de Bernard Girard et de Roger Poirier, il béné-
ficiait surtout de son aura de président fondateur de la FTQ-C
et de l'inestimable soutien de son ami entrepreneur Tony
Accurso. Il avait aussi l'appui de nombreux directeurs de locaux, dont le mien – c'était choisir le moindre mal en attendant des jours meilleurs. Si Johnny n'était pas un saint, s'il
protégeait un peu trop les intérêts de ses électriciens et de ses
amis contracteurs, il était bien moins dangereux pour la centrale que Jocelyn Dupuis, *alias* Frankenstein, comme certaines
personnes dans les hautes sphères de la FTQ-C le surnommaient. La centrale avait créé un monstre devenu incontrô-
lable. Je les entends encore:

— Il n'écoute personne. Il ne va même plus sur les chantiers. Il se fout de nos membres. Il est totalement hors de
contrôle...

Il était évident que Jocelyn était rongé par l'ambition.
Tout le monde savait qu'il voulait pousser Johnny vers la sortie, mais que ce dernier lui résistait farouchement. Mais était-
il «hors de contrôle»? À écouter les gens, Jocelyn vivait dans
un monde parallèle où l'argent facile lui faisait croire qu'il
pouvait agir en toute impunité. C'est pourquoi il ne se poin-
tait presque plus au bureau, sinon pour réclamer ses remboursements avant de quitter le stationnement en faisant
crisser ses pneus. Il passait ses après-midi sur un terrain de
golf ou encore au Cavalli, où il mangeait et buvait comme un
roi entouré de sa cour.

Malgré son besoin d'attirer l'attention, malgré son arrogance, Jocelyn n'était tout de même pas un deux de pique. Tu
ne peux pas passer onze ans à la tête de la plus grosse centrale
de construction du Québec sans être habile. Le problème, c'est

que quelque part en cours de route, il avait bifurqué. Je serais curieux de lui demander à quel moment son ambition est devenue une folie des grandeurs. Bien entendu, son discours syndical était toujours aussi lisse en surface. Normal, il est un bon vendeur. Mais ses intentions, elles, tout comme ses fréquentations, étaient de plus en plus inquiétantes. D'autant qu'il ne se gênait plus pour s'afficher en public avec des criminels notoires.

Je n'avais pas encore totalement saisi le *big picture* à la fin du printemps 2008, ni imaginé l'intensité de la lutte fratricide qui couvait entre Jocelyn Dupuis et Johnny Lavallée. Une bataille qui n'avait rien à voir avec le bien-être des travailleurs. Vraiment rien. Ils étaient prêts à s'entre-déchirer pour faire partie des happy few, et d'avoir un pouvoir pour déterminer qui avait accès à l'argent du Fonds de solidarité. En effet, comme le président de la FTQ-C siège d'emblée au conseil d'administration du Fonds et contrôle aussi en partie la *Solim*, le bras immobilier du Fonds, il a accès aux demandes et aux dossiers et, par ricochet, il a la possibilité de s'intéresser de plus près à un dossier plutôt qu'à un autre...

Pendant que je cherchais à faire tomber Jocelyn sous le motif qu'il gaspillait l'argent de nos membres, le DG de la FTQ-C, lui, était donc en mode *putsch* contre Johnny. Lui et ses amis rêvaient d'un accès privilégié au Fonds. Jocelyn ne s'en cachait même plus. Il en parlait ouvertement devant tous les responsables, ou presque. Même ceux qui ne faisaient pas partie de son cercle intime. Je me souviens d'une réunion pendant laquelle Jocelyn nous a dit :

— C'est pas compliqué, les gars. C'est le temps que le gros Johnny décrisse, qu'il prenne sa retraite...

Et puis, comme si c'était déjà fait, il a ajouté quelque chose comme :

— Et là, je vais le remplacer par Pierre [Morin]. Et Éric [Boisjoli], je vais le nommer directeur général...

Son plan était clair.

— Et puis, toi, Serge [Dupuis], qui rêve d'aller vivre à Québec depuis si longtemps, je vais te trouver un poste là-bas. Juste pour toi.

Jocelyn avait déjà choisi les morceaux avec lesquels il allait reconstituer le puzzle de la haute direction de la centrale. Il avait laissé ensuite planer son regard confiant à travers la pièce. Dans ce moment de silence hébété, j'aurais mis ma main à couper qu'il continuait dans sa tête à distribuer les rôles.

— Mais, avant de commencer à rêver, on va devoir s'arranger pour que le gros sacre son camp.

Parfois j'ai le cerveau lent. Je savais depuis un petit moment déjà que je n'évoluais pas dans un univers syndical traditionnel, mais entendre mon directeur général parler dans ces termes de son président m'a écœuré. Surtout que c'était « le gros » qui l'avait pris sous son aile à ses débuts et aidé à gravir les échelons. « Le gros » avait fait de l'ancien grutier de Havre-Saint-Pierre un des joueurs importants du monde de la construction québécoise. Et pour le remercier, Jocelyn s'acharnait à tenter de l'éjecter. Pour moi, c'était dégueulasse. Jocelyn n'avait aucun sens de la loyauté. Tu ne peux pas oublier ton passé, et ceux qui t'ont aidé en cours de route. Tu ne peux pas mordre la main qui t'a nourri. C'est d'ailleurs pour cette raison que je n'avais pas voulu être trop « chien » envers Jocelyn au départ, alors qu'il l'aurait largement mérité. Je ne pouvais pas oublier que c'était lui qui m'avait approché pour que rejoigne la FTQ, et qu'il m'avait assuré l'accès à un avocat pour défendre mes gars.

Mais j'entendais de plus en plus murmurer que Jocelyn cherchait à me faire le même coup que celui qu'il fomentait contre Johnny. Il travaillait fort pour trouver un moyen de retourner mes gars contre moi et me faire perdre mon local, parce que mon insubordination lui tapait sur les nerfs. Il ne me laissait pas d'autre choix que d'enclencher la phase deux de mon plan : mettre la main sur ses comptes de dépenses.

Le hic, c'est que je ne savais pas encore combien de mois de factures contenait la filière numéro 3 de Roland Brillon. Mon plan risquait d'échouer bêtement si je ne récupérais pas suffisamment d'éléments de preuve. Mais il fallait agir, et le moment était idéal, parce que je partais en mission en Alberta le lundi suivant. J'ai donc subtilisé les factures le vendredi sans trop m'inquiéter que quelqu'un remarque leur disparition durant le week-end. L'idée était que si Roland constatait la disparition des documents pendant que j'étais dans l'Ouest, il serait très délicat de m'accuser de les avoir volés, et encore plus de le prouver. Et c'est justement ce qui s'est passé. Roland a pris plus d'une semaine avant de jouer dans sa paperasse et de réaliser que les comptes de dépenses de Jocelyn avaient disparu. Le hasard avait bien fait les choses: j'avais réussi à récupérer six mois de factures, quand j'aurais tout aussi bien pu ne mettre la main que sur une petite semaine de dépenses, ce qui m'aurait forcé à répéter l'opération. Mais avec les preuves de six mois de dépenses excessives, j'avais de quoi me construire un sacré dossier.

CHAPITRE VIII

Avant de partir pour l'Alberta, j'ai trié et photocopié tous les documents que j'avais récupérés. J'y ai mis des heures, mais ça m'a permis de comprendre l'ampleur de la fraude. C'était encore pire que je ne l'avais imaginé. Il fallait sonner l'alarme, dénoncer ces dérapages et ce gaspillage honteux. Mais à qui parler? Les noms au dos de ces dizaines de reçus et de factures étaient ceux des gars qui étaient à la tête de la FTQ-C. Il y avait des subordonnés de Jocelyn, mais aussi des vice-présidents, des directeurs adjoints, des secrétaires financiers, etc. Pour moi, tous étaient complices de Jocelyn par association. Ils s'étaient laissé acheter à coup de repas gargantuesques, de tournois de golf, de matchs de hockey et de sorties mondaines. Ces comptes de dépenses étaient l'équivalent d'un *open bar* où les officiels de la FTQ-C s'en donnaient à cœur joie. Comme ils étaient tous mouillés, il me semblait évident qu'ils allaient se couvrir les uns les autres.

J'ai laissé retomber la poussière durant mon séjour à l'autre bout du pays. Mais les premiers échos d'un vol à l'interne n'ont pas tardé à résonner dans la tour du boulevard Crémazie. On n'avait pas encore atteint le niveau d'un scandale, mais la machine à rumeurs était en route et la méfiance s'installait au sein de la direction de la FTQ-C. De mon côté, je faisais l'imbécile, trop heureux de mon alibi albertain. Quand quelqu'un venait me parler ou m'interroger sur le sujet, je ne pouvais pas m'empêcher de reconnaître l'audace du coupable. Roland Brillon était clairement dans ses petits souliers. Jocelyn, lui, ne se gênait pas pour diriger ses accusations sur moi. Mais ses soupçons ne changeaient rien au fait que j'avais entre les mains plus de 125 000 $ de reçus et de factures.

J'ai pu constater à quel point l'ambiance était tendue au bureau dès mon retour d'Alberta. Quelqu'un avait vraiment « fucké la marde ». Il y avait un traître parmi nous. La direction de la FTQ-C était en état de choc mais Jocelyn, lui, continuait sa vie de pacha comme si de rien n'était.

De mon côté, pour endormir les soupçons, je me suis replongé dans mes dossiers avec mon zèle habituel, sans oublier de partager l'ensemble de mes frustrations avec le premier venu. J'ai joué cette comédie pendant environ un mois, tout en m'attelant à déchiffrer les factures et à découvrir l'ampleur de l'escroquerie. Ce n'était pas une mince affaire, puisque les petits bouts de papier que j'avais en ma possession étaient rarement des factures officielles imprimées. Il s'agissait bien souvent de reçus manuscrits comme il en existe de moins en moins. Des fiches avec le nom et le logo du resto que les serveurs et serveuses remplissent pour les clients. Les petits malins en raffolent, parce qu'ils peuvent écrire les montants qu'ils veulent. Très vite, j'ai eu des soupçons : les prix des repas étaient si démesurés qu'ils me semblaient peu crédibles...

Le 26 décembre 2007, par exemple, alors que nos bureaux étaient fermés pour les vacances de Noël, Jocelyn, lui, dépensait un total de 1280 $ (dont 230 $ de pourboire) dans un restaurant à Mont-Tremblant. Je connaissais assez Jocelyn pour douter du fait qu'il était en train de défendre le bien-être des travailleurs un lendemain de Noël, en buvant deux bouteilles de vin à 300 $ en compagnie de Raynald Desjardins, un associé des Rizzuto, et de l'entrepreneur Joe Bertolo. Ce n'est qu'un exemple parmi d'autres : il avait dépensé 17 262 $ en restaurant en décembre 2007.

À force de retourner les factures dans tous les sens, j'ai remarqué qu'elles avaient toutes ou presque été écrites à l'encre noire. À Sept-Îles, Montréal, Chicoutimi, Laval : toujours du noir. Plus étrange encore, l'épaisseur du trait était la même sur tous les reçus. Ces similitudes m'ont poussé à regarder les chiffres et les lettres de plus près. Et, là encore, je suis tombé de ma chaise. Il y avait toujours le chiffre huit quelque part sur les reçus. Dans le montant total, dans la date ou dans le pourboire. Et tous ces « 8 » étaient identiques. Il m'a fallu me rendre à l'évidence : il ne s'agissait plus des dépenses exagérées d'un cadre en plein dérapage, mais de fraude. « Faux et usage de faux », comme on dit.

Pendant que je jouais au graphologue et à l'inspecteur financier, Jocelyn a lancé sa contre-attaque. Convaincu que c'était moi qui avais volé ses factures, il a déclaré à sa garde rapprochée que j'étais l'ennemi numéro un de la centrale. Or cette garde, qui regroupait une part importante des membres de l'exécutif (Yves Mercure, Eddy Brandone, Rénald Grondin, Yves Ouellet, Alain Pigeon, Éric Boisjoli, Pierre Morin, et d'autres) était prête à tout pour noyer le poisson. Ils disaient que j'étais devenu fou et que je m'étais lancé dans une vendetta contre Jocelyn parce que je n'arrivais pas à trouver du travail à mes gars. Ils savaient que, si c'était bien moi qui avais les factures de Jocelyn, il me serait impossible de le dénoncer sans les accuser du même coup : leurs noms apparaissaient au dos de la majorité des fausses factures...

Voilà pourquoi j'ai finalement décidé d'aller voir directement Michel Arsenault, le président de la FTQ. Quand je me suis présenté à sa porte, sa secrétaire m'a dit qu'il s'apprêtait à partir en rendez-vous et qu'il était pressé.

— J'ai juste besoin de deux minutes. C'est vraiment important.

Je suis rentré dans son bureau et, avant même de m'asseoir, j'ai étalé mon tas de factures sur son bureau. Il m'a regardé, l'air ébranlé, et puis il a demandé à sa secrétaire d'annuler tous ses rendez-vous.

On est restés debout devant son bureau quelques instants. Il avait l'air au moins aussi embêté que moi.

— Mais... comment tu as mis la main sur tout ça ?

Il avait fait un grand geste des bras en direction de ma montagne de fausses factures. C'était tellement énorme comme situation. Plus les secondes s'écoulaient, plus il semblait encaisser le coup. J'ai attendu un moment avant de lui répondre.

— On s'en fout, de comment je les ai récupérées. L'important, c'est ce qu'on va faire avec Jocelyn, non ?

Je voyais bien que ça tournait à cent à l'heure dans sa tête. Et je ne peux pas dire que mon cerveau n'était pas surexcité non plus, à l'époque. Je ne dormais presque plus. Je ne savais plus trop quoi faire ni dans quoi je m'étais embarqué. Alors je suivais mon instinct, tout en sachant que j'avais de fortes chances de frapper un mur, ou pire encore. Je ne savais pas à quel saint me vouer, d'autant que Jocelyn continuait à alimenter toutes sortes de rumeurs à mon sujet. Des rumeurs de plus en plus inquiétantes. Michel Arsenault a poussé un grand soupir de découragement.

— Mais pourquoi tu n'es pas allé voir ta direction ?

— Parce qu'ils sont tous mouillés...

J'ai regardé par la fenêtre alors qu'il semblait attendre qu'une solution lui tombe du ciel. J'ai toujours aimé les étés montréalais, mais j'avais l'impression que celui de 2008 était en train de me filer entre les doigts. Mais je ne pouvais pas me permettre de rêver de vacances alors que je partais en guerre contre Jocelyn Dupuis, et que ses complices cherchaient à me discréditer aux yeux des miens. Plus personne ou presque ne m'adressait la parole au bureau.

Je savais aussi que Jocelyn avait donné l'ordre à Robert Laurin de ne pas se servir de mes enregistrements compromettants contre Ganotec et Gastier Mécanique dans le cadre de ma poursuite de 7 millions de dollars contre le local 2182, ce qui minait la crédibilité de ma cause puisqu'il s'agissait de deux des plus gros contracteurs au Québec. Ça réduisait mes chances de dédommager mes gars, des gars dont Jocelyn s'était toujours moqué. Michel Arsenault m'a fait sortir de ma rêverie.

— Donne-moi 24 heures, Ken.

J'ai repensé à mes gars et à mon devoir envers eux de saisir tout ce qui pouvait entretenir l'espoir d'une solution.

— OK. Vingt-quatre heures.

— Mais ne va pas voir les médias, OK? Pense à notre image.

Je n'avais même pas envisagé de le faire.

— OK...

— Ni la police...

Je n'avais pas non plus pensé à eux.

— Je suis venu te voir pour que tout ça se règle à l'interne, mais je ne sais plus en qui je peux avoir confiance à la FTQ-C. Tu me demandes 24 heures? Je te les donne. C'est à toi de jouer...

Michel Arsenault a repris contact avec moi avant que les 24 heures soient passées.

— Tu as rendez-vous avec Johnny Lavallée demain.

— Jean Lavallée?

Arsenault m'a expliqué qu'il lui avait exposé la situation et que Johnny me recevrait avec des gants blancs. Il me parlait sur un ton mielleux pour me laisser entendre qu'il était de mon bord et qu'il contrôlait la situation. J'ai tout gobé, parce que c'était ce que je voulais croire. Je m'étais pointé dans son bureau la veille avec un sac de factures en sollicitant son aide. Il m'avait demandé un court délai et il m'était revenu plus vite que prévu. Alors, s'il voulait que j'aille rencontrer Johnny Lavallée, même si je ne savais pas jusqu'à quel point je pouvais lui faire confiance, je devais le faire. Michel Arsenault était le président de la FTQ et il n'y avait au-dessus de lui personne d'autre à qui en appeler à l'intérieur de la centrale. À l'intérieur de ma centrale.

À mon grand étonnement, Johnny a fait son *mea culpa* d'entrée de jeu et il a même reconnu qu'il avait laissé Jocelyn pousser le bouchon beaucoup trop loin.

— J'aurais dû lui dire de se calmer il y a longtemps, mais tu sais comme moi que Jocelyn n'est pas un gars facile à gérer...

J'ai du faire un sourire forcé.

— Donc, on est d'accord ? Il ne peut pas rester en poste ?

Johnny m'a regardé d'un air agacé. Sur le coup, j'ai eu peur qu'il recommence à m'expliquer que tout était très compliqué... Mais il m'a plutôt répondu quelque chose comme :

— Tu as raison. C'est vrai que ça n'a pas de bon sens. Écoute-moi bien, on va former un comité et...

— Un comité pour mettre Jocelyn à la porte ? Voyons donc ! Il suffit de lui enlever son téléphone, ses cartes de crédit, les clefs de son bureau...

J'étais en train de me pomper tout seul quand j'ai eu l'impression que quelque chose qui m'échappait tracassait Johnny. Avait-il eu vent que Jocelyn avait décidé de le remplacer par Pierre Morin ? Est-ce qu'il s'inquiétait du fait que Jocelyn et sa bande étaient en train de gagner de plus en plus de pouvoir et d'influence ?

Même si son idée de comité me donnait mal au cœur d'avance, je lui ai dit que j'étais prêt à le suivre.

— Mais on s'entend : il faut le mettre dehors, hein ?

Johnny a fait oui de la tête, mais son corps m'envoyait le message contraire. Et pour la première fois, j'ai eu l'impression d'être un peu d'accord avec lui : les choses étaient sûrement plus compliquées que je ne l'imaginais. Et puis, juste avant que je quitte son bureau, il a ajouté :

— Mais en attendant, va pas en parler à la presse. Ça serait vraiment pas bon pour l'image de la centrale...

Ça saute aux yeux aujourd'hui, mais je ne l'avais pas remarqué sur le coup : pendant que je leur parlais de fraude et de congédiement, le président de la FTQ et celui de la FTQ-C me répondaient de ne pas contacter les médias. Alors que je leur parlais de vols à l'interne et d'abus de confiance, ils s'inquiétaient surtout de leur image. Lavallée et Arsenault, même combat : sauvons la face ! Je ne savais pas à l'époque que les factures n'étaient que la pointe de l'iceberg...

Je suis retourné voir Michel Arsenault en compagnie de Jean Lavallée et de Bernard Girard quelques jours plus tard, et nous avons convenu tous les quatre que la meilleure stratégie était de commencer par confronter Jocelyn directement. En fonction de sa réaction, j'irais ensuite voir l'exécutif de la FTQ-C afin que ses membres posent le geste qui s'imposait vu l'ampleur de la fraude : congédier Jocelyn Dupuis.

Je suis sorti de cette rencontre assez confiant. J'avais un mandat précis : dire à Jocelyn que la FTQ-C en avait assez de ses magouilles et que le party était fini. Mais ce que je ne savais pas, c'est jusqu'à quel point les rumeurs sur les présumées associations criminelles de Jocelyn étaient vraies. J'ai donc demandé à quelques amis costauds s'ils étaient prêts à m'accompagner au besoin. J'y repense aujourd'hui, alors que je sais que Jocelyn était à la solde du caïd Raynald Desjardins, et j'en tremble encore. Un peu comme je tremble, de colère cette fois, quand je me revois dans le bureau de Michel Arsenault lors de notre troisième rencontre. Bernard Girard et Johnny Lavallée étaient dans la pièce. J'étais en train de leur expliquer que je n'arrivais pas à joindre Jocelyn et que je tombais sans cesse sur sa boîte vocale quand, soudainement, Michel Arsenault nous a avoué qu'il savait que Jocelyn était un bandit depuis longtemps.

— Il est même venu me voir avec un Italien qui a déposé un sac sur mon bureau avec 300 000 $ dedans...

— Quoi ?

J'ai regardé Bernard Girard et Jean Lavallée. Ils avaient l'air aussi troublés que moi. On était réunis pour trouver la meilleure solution pour mettre Jocelyn à la porte quand, tout à coup, le président de la FTQ, qui jouait les vierges offensées quelques jours plus tôt devant les factures de Jocelyn, s'échappait en admettant qu'il savait depuis longtemps que Jocelyn était un croche. J'étais sous le choc.

— Attends. Tu es en train de me dire que Jocelyn est venu te voir avec un ami italien, et que le gars a mis 300 000 $ sur ton bureau?

Michel Arsenault semblait conscient qu'il venait de se mettre le pied dans la bouche.

— Et qu'est-ce que tu as fait de l'argent?

— Rien. Je les ai jetés dehors de mon bureau...

Bernard Girard était sans voix. Johnny Lavallée regardait ses souliers. Pourquoi Arsenault ne m'en avait-il pas parlé à notre première rencontre? Je me suis repassé le film des derniers jours en accéléré. Je viens voir Michel Arsenault avec les fausses factures. Il me demande de lui donner 24 heures. Il organise une rencontre avec Johnny, qui reconnaît ses torts. Les deux m'encouragent à aller confronter Jocelyn, mais ce dernier ne réponds pas à mes appels. Je reviens rencontrer Arsenault avec Johnny et Bernard Girard pour mettre Jocelyn dehors, et il m'apprend par inadvertance qu'il sait bien que Jocelyn est un pourri.

— Depuis combien de temps tu le sais?

Michel Arsenault patinait du mieux qu'il pouvait. Il en avait trop dit, ça se voyait sur son visage. Mais s'il lisait le mien, il devait voir que j'étais sur le bord d'exploser. C'était juste trop gros pour être vrai. Trop énorme pour qu'il ne soit pas impliqué d'une manière ou d'une autre dans ces magouilles.

« Tous des sangsues... » Je sentais la colère monter en moi.

— Explique-moi, Michel. Pourquoi est-ce qu'un ami de Jocelyn viendrait déposer 300 000 $ sur ton bureau?

Son regard s'est noirci. Je ne le lâchais pas :

— Pour que tu l'aides à faire passer sa demande au Fonds de solidarité?

Michel Arsenault n'a pas répondu clairement. Je ne pourrais pas répéter mot pour mot sa réponse, mais elle ressemblait à un aveu d'impuissance. Il nous a dit que tout ça ne devait pas sortir de son bureau, et qu'il avait, en somme, les mains liées. Et il a ajouté que si jamais les médias mettaient la main sur cette information, les conséquences pour la FTQ seraient terribles. Il avait l'air vraiment inquiet. Ou alors, il jouait très bien la comédie.

— Vous comprenez pas la *game*, les gars.

J'ai regardé Bernard et Johnny pendant que Michel Arsenault continuait à nous prendre pour des cruches. Le mot « *game* » revenait en boucle dans sa tentative d'explication.

— La *game*, les gars, c'est le pouvoir.

C'est pourquoi j'ai augmenté la fréquence de mes appels téléphoniques à Jocelyn. Les messages que je lui laissais étaient de moins en moins cordiaux. Au départ, j'étais resté plutôt poli:

« Salut Jocelyn. Il faudrait que je te parle. J'aimerais qu'on se rencontre. Rappelle-moi s'il te plaît. ».

Ensuite, j'ai fait monter un peu la pression:

« Hey, le voleur! Tu veux pas venir me rencontrer en personne au lieu de parler dans mon dos? »

À la fin, je le provoquais carrément:

« Hey, le pourri, tu te caches derrière qui aujourd'hui? Les danseuses du Solid Gold? Tes amis des Hells? Sérieux, qu'est-ce qui se passe avec toi, *Josh*? »

Pendant ce temps-là, Jocelyn faisait tout pour salir ma réputation. Il disait que j'étais un délateur et que j'étais tellement obsédé par l'intérêt de mes gars que j'étais prêt à faire tomber tous les dirigeants de la FTQ-C. Et il crinquait ces derniers en leur disant que ce n'était tout de même pas un petit local de 200 mécaniciens industriels qui allaient décider du sort de plus d'un demi-million de travailleurs.

À partir de septembre 2008, les choses se sont accélérées, et elles n'allaient pas nécessairement dans le bon sens. À la demande de Michel Arsenault, je suis allé voir l'ensemble des dirigeants de la FTQ-C afin de leur faire comprendre l'ampleur de la fraude. Avant de les rencontrer, j'avais l'impression d'avoir une bombe à retardement dans les mains. Normal : ils faisaient tous, ou presque, partie du clan de Jocelyn, et leurs noms apparaissaient souvent au dos de ses factures, vraies et fausses. Je ne pouvais donc pas me faire trop d'illusions sur leur collaboration. D'autant plus qu'un bon nombre d'entre eux m'avaient avoué au cours des derniers mois que la FTQ-C était totalement corrompue, mais qu'ils ne pouvaient pas prendre le risque de le dire parce qu'ils avaient peur de « manger une volée ».

Et puis, coup de théâtre. D'abord, quelques heures avant la rencontre, voilà que Jean Lavallée et Bernard Girard m'informent que le vice-président Yves Mercure a recommandé que je sois « congédié sur-le-champ » pour mes actions, qui nuisaient à la FTQ-C. Le procès-verbal de la réunion de l'exécutif du 24 septembre 2008 confirme que Jean Lavallée (président), Rénald Grondin (VP), Bernard Girard (VP), Mario Roy (VP), Eddy Brandone (secrétaire financier), Alain Pigeon (secrétaire archiviste) et Jocelyn Dupuis (DG) étaient présents, et que la proposition d'Yves Mercure a été « appuyée par le confrère Alain Pigeon ». Toujours selon le procès-verbal, « après discussion entre les membres du comité exécutif, il [avait été] convenu d'aviser le confrère Pereira de rapporter tous les documents que ce dernier [avait] en sa possession » avant le vendredi 26 septembre, sinon la proposition de congédiement deviendrait effective à compter du lundi suivant.

Fidèle à lui-même, Johnny Lavallée m'a assuré qu'il avait fait de son mieux pour calmer les troupes, alors que le procès-verbal confirme qu'il n'approuvait pas « les actes qui ont été posés » et qu'il insistait « sur le fait qu'il faut arrêter immédiatement cette situation ».

Deuxième coup de théâtre : dans un autre point à l'ordre du jour, le confrère Lavallée avait tenu « à préciser au confrère Dupuis que tous les membres du comité exécutif étaient d'accord avec la décision suivante [...] : Il est proposé par le confrère Rénald Grondin et appuyé par le confrère Eddy Brandone qu'un montant de 191 260,16 $ soit remis au confrère Dupuis à titre de prime de séparation (140 195,12 $) et de salaire pour les mois de décembre 2008 à mars 2009 inclusivement (51 065,04 $) ».

La prime de départ de Jocelyn, tout comme mon expulsion de la FTQ-C, avait été adoptée sans débat. De même, les « rapports financiers en date des 30 juin, 31 juillet et 31 août » avaient été adoptés à l'unanimité quand le confrère Eddy Brandone avait proposé qu'ils « soient adoptés tels que présentés », dans une motion « appuyée par le confrère Rénald Grondin ».

J'étais anéanti. La bande à Jocelyn venait de gagner la partie. Ils avaient imposé leur loi, réussi à enterrer l'histoire des fausses factures en tentant de me jeter dans le trou avec elle. Mais c'était mal me connaître. Ils avaient passé les deux dernières années à m'expliquer que je ne comprenais rien à la *game.* Alors j'ai décidé de la jouer, mais avec mes propres règles.

Le 26 septembre 2008 au matin, comme on me l'avait demandé, je suis allé remettre les reçus et les factures de Jocelyn en mains propres à Johnny Lavallée. Puis j'ai téléphoné à Michel Arsenault du bureau de Johnny pour lui confirmer que j'avais bien remis les documents. La tension était à son maximum. L'hypocrisie totale. La lâcheté est difficile à accepter pour moi, mais je n'étais pas surpris, dans le fond. Juste dégoûté et... curieux. Pourquoi s'écrasaient-ils tous comme des crêpes ? C'était quoi le tarif pour vendre son âme ?

À travers toute cette folie, alors que nous étions tous à couteaux tirés, la nouvelle de la double démission de Johnny Lavallée et de Jocelyn Dupuis est tombée comme une tonne de brique. Quel revirement! C'était une chance pour moi de continuer ma lutte. Le vaccin inespéré. Mais j'ai tout de suite compris que les effets secondaires allaient être sévères, même si je n'avais pas plus d'idée que les autres de ce que l'avenir nous réservait.

En façade, Johnny et Jocelyn démissionnaient parce qu'ils n'arrivaient pas à s'entendre sur leur succession. Selon la version de Michel Arsenault, dont la mission avouée était de sauver les meubles, une escouade de la Sûreté du Québec spécialisée en matière de corruption et de malversations l'aurait informé qu'elle était en possession d'enregistrements compromettants pour Jocelyn et Johnny. Toujours selon la version du président de la FTQ, il aurait alors demandé aux intéressés de démissionner pour le bien de la centrale et des travailleurs. En le voyant au *Téléjournal*, j'avais l'impression de regarder *Surprise sur prise*.

Parce que la vraie histoire était tout autre. Jocelyn et Johnny s'étaient entendus entre eux. Ils étaient conscients qu'ils étaient faits comme des rats et qu'il était plus raisonnable pour eux de jeter la serviette que de continuer à se battre à mort l'un contre l'autre. Ils savaient aussi que l'histoire des fausses factures n'allait pas disparaître comme par magie et qu'ils auraient de sérieux comptes à rendre. Du coup, au lieu de se pourrir la vie en sortant tous les squelettes qu'ils avaient dans leurs placards, ils ont préféré faire une trêve.

J'ai suivi leur rencontre comme un match de hockey. Bernard Girard m'avait donné rendez-vous dans un café. Nos sources à l'intérieur de la centrale nous tenaient au courant du développement de la soirée. En direct. Nos téléphones sonnaient sans arrêt. Les enjeux étaient énormes et Bernard et moi avions l'impression de vivre un moment historique. L'affaire s'est étirée jusqu'à tard dans la nuit, quand Jocelyn et Johnny ont trouvé le moyen de cesser leur bataille sans trop perdre de plumes. Personne ne savait au juste qui avait initié la rencontre. Jocelyn a toujours prétendu que c'était son initiative, alors que Johnny soutenait que c'était la sienne. Mais, juste avant, dans les étages de la centrale, on murmurait que Jocelyn allait enfin se faire dire ses quatre vérités... et que Johnny allait en manger toute une.

Tout ce que je sais, c'est qu'ils se sont enfermés dans le bureau de Johnny, dans les étages de la tour FTQ, soit dans les locaux de la FIPOE, si chère à Johnny. Selon mes sources, ils se seraient ensuite soûlés comme des cochons, se seraient traités de tous les noms et auraient peut-être même, à un moment, pleuré à chaudes larmes. Peu importe. À la fin, ils étaient tellement chauds qu'il a fallu les raccompagner pour s'assurer qu'ils ne prennent pas le volant. Ils ne pouvaient peut-être plus conduire, mais ils n'avaient pas véritablement perdu le contrôle de la FTQ-C.

Personne ne sait précisément ce qu'ils ont décidé ce soir-là. Mais ils ont fait un pacte, parce que les hostilités entre eux ont cessé juste après. Jocelyn tenait à placer ses gars à la tête de la FTQ-C et Johnny, à garder son autorité sur la SOLIM. Ils ont donc scellé une alliance sans consulter personne. Pas même les membres de l'exécutif.

Ce que je sais, c'est que dans n'importe quel pays où l'intégrité syndicale est quelque chose qu'on respecte, Jocelyn et Johnny auraient été crucifiés sur la place publique. Mais pas chez nous. Pas au Québec. Pourquoi ? Parce qu'ils avaient la mainmise sur le Fonds de solidarité ?

À cette époque, plus personne ne me parlait au bureau depuis des semaines. On sortait de la cafétéria dès que j'y entrais. Pire que si j'avais attrapé le virus Ebola. Le climat était tellement toxique que j'avais encouragé les gars de mon local à se tenir loin de moi. La FTQ-C était un nid de guêpes et moi, j'avais donné un grand coup de pied dedans.

Alors que Michel Arsenault participait à la mascarade, les journalistes s'en donnaient à cœur joie. La centrale venait d'annoncer qu'elle organiserait en novembre des élections en catastrophe pour élire des remplaçants. Arsenault était dans tous ses états. L'image de sa centrale en prenait pour son rhume, une guerre de succession sans merci se préparait, et Jocelyn et Johnny allaient sans doute lancer un festival de coups bas, malgré leur trêve, pour s'assurer que leurs protégés prennent le contrôle et que leurs amis puissent jouir d'un accès privilégié au trésor du Fonds de solidarité.

À l'approche de l'élection de novembre 2008, il m'a encore fallu choisir mon camp. Oui, Johnny n'était peut-être pas le gars le plus droit sur terre. Il avait été salaud dans le dossier de Petro-Canada en brisant les lignes de piquetage pour négocier des contrats pour ses gars. Il m'avait aussi mené en bateau avec Michel Arsenault, le temps de s'entendre avec Jocelyn. Mais, entre deux diables, mieux vaut choisir le moins dangereux. C'est pourquoi j'ai ouvertement soutenu les deux candidats de Johnny à l'élection : Bernard Girard, pour le poste de directeur général, et Roger Poirier, pour la présidence.

... Ce qui a permis à Jocelyn de recommencer à tirer sur moi à boulets rouges. Il était conscient que j'étais moi-même prêt à sortir l'artillerie lourde contre ses candidats, Richard Goyette (DG) et Yves Mercure (président), pour les empêcher de prendre le contrôle de la centrale. Quand je dis tirer à boulets rouges, je n'exagère pas. Après m'avoir traité de délateur, Jocelyn racontait maintenant que je me vantais d'avoir fait sauter le bunker des Hells à Sorel et que mes enfants seraient bientôt orphelins.

C'était la rumeur de trop. Jocelyn avait dépassé les limites. Je ne pouvais plus me taire et faire l'autruche, comme quand le pick-up m'avait percuté sur l'autoroute des Laurentides. Je devais poser un geste clair pour démontrer que l'histoire des fausses factures n'était pas une tempête dans un verre d'eau,

comme la bande à Jocelyn le clamait à qui voulait l'entendre :
« Pereira délire complètement... »

Ayant entendu dire à travers les branches que l'un de ceux qui s'amusaient le plus à salir mon nom était Guy Martin, le directeur du local 135 (monteurs, mécaniciens et vitriers) de la FTQ-C, je suis allé le rencontrer. C'était un proche d'Eddy Brandone et un fidèle de Jocelyn, et on n'avait vraiment pas d'atomes crochus. Je ne me suis pas gêné pour lui dire le fond de ma pensée le jour où je l'ai rencontré dans un bistro à Saint-Léonard.

— Arrêtez de répandre vos rumeurs ! Si je voulais jouer au trou de cul, moi aussi, vous savez très bien que je pourrais vous mettre dans la marde avec le film...

Je les connaissais assez pour savoir que l'idée que la vidéo du sushi party se retrouve sur l'internet leur donnait froid dans le dos.

— Ça serait bon pour l'image de la centrale, hein, si les médias tombaient dessus ?

Tout d'un coup, Guy Martin a changé d'attitude : il essayait maintenant de me raisonner.

— Ken, vraiment, je ne vois pas comment ça ferait avancer ta cause. C'est pas la bonne façon de faire, à moins de vouloir manger une maudite volée...

— Je te préviens : si vous n'arrêtez pas vos niaiseries, il y en a qui vont avoir honte longtemps...

La FTQ-C était toujours sens dessus dessous le jour où Eddy Brandone m'a téléphoné. Il voulait me rencontrer en personne. Je me doutais bien qu'il était au fait de mes échanges avec Guy Martin, mais j'ai accepté son invitation sans hésiter. Il était hors de question pour moi de donner le moindre signe de faiblesse à un membre de la gang à Jocelyn. Refuser de le voir reviendrait à dire que les rumeurs qui circulaient à mon sujet étaient fondées ou que j'étais sur le bord de craquer.

Brandone m'avait lui aussi donné rendez-vous à Saint-
Léonard, dans l'ancien café de Johnny Bertolo, le représentant
du syndicat des peintres mort assassiné en 2005. J'imaginais
qu'il voulait savoir s'il était possible de me raisonner en me
faisant comprendre toutes les conséquences de ce que j'avais
provoqué. Il était tout de même directeur financier, après
tout, c'est-à-dire qu'il était celui qui avait approuvé les dépenses de Jocelyn.

Mais à ma grande surprise, la seule chose qui semblait
l'intéresser, c'était de mettre la main sur la fameuse vidéo
d'Éric. Alors que les dirigeants de la FTQ-C se regardaient en
chiens de faïence et que personne ne savait trop sur qui
compter, Eddy, lui, voulait connaître les noms des personnes
qui apparaissaient dans le film. Est-ce que c'était pour s'en
servir contre elles, au besoin? Je l'ai regardé, le temps que
mon cerveau enregistre ce qu'il venait de me demander. Je ne
pouvais pas imaginer un tel niveau de mesquinerie.

— T'es vraiment incroyable, Eddy. C'est poche que tes
amis ne soient pas là pour t'entendre. Je suis certain qu'ils
seraient fiers de toi. Je ne vais pas aller leur répéter ce que tu
viens de me demander, mais je te conseillerais quand même
de leur dire d'arrêter de raconter des conneries sur moi...

C'était difficile pour moi, à l'époque, d'évaluer à quel point les
rumeurs avaient entaché ma réputation. Ce qui est sûr, c'est
que je ne pouvais plus me permettre de laisser planer le doute.
Or, tant que les gens n'auraient pas vu les fameuses factures
de leurs propres yeux, Jocelyn et compagnie pourraient continuer à raconter n'importe quoi. C'est pourquoi j'ai demandé
à mon ami Marc Allard de m'aider à réaliser une vidéo afin
que les responsables de la FTQ-C découvrent enfin la vérité,
images à l'appui. Je voulais y expliquer clairement mes intentions et motivations. Et puis, je me disais que ça pourrait servir, au cas où il m'arrivait quelque chose.

CHAPITRE IX

On a planté le décor dans mon sous-sol quelques semaines plus tard. Marc cadrerait tout en plan fixe. Notre petit film voulait être autant un acte de résistance que de dénonciation. On s'est inspirés de ces vidéos où des révolutionnaires de tout poil plaident leur cause devant le drapeau de leur organisation. On a accroché le drapeau blanc du local 1981 sur le mur derrière moi, juste à côté de celui du Québec. J'avais aussi collé de grands cartons sur les murs derrière la caméra, sur lesquels étaient inscrits les différents points que je voulais soulever. J'ai regardé Marc, et il a commencé son décompte.

— Cinq.

[Roulements de tambour.]

— Quatre.

Bientôt sur vos écrans...

— Trois.

Jocelyn Dupuis dans toute sa splendeur...

— Deux.

En exclusivité pour tous les responsables et directeurs de locaux affiliés à la FTQ-C...

— Un.

La vérité, rien que la vérité !

— Action !

Je m'appelle Ken Pereira. Je suis le directeur du local 1981 des mécaniciens industriels à la FTQ-Construction. Ça fait 23 ans que je travaille dans ce domaine. J'ai commencé comme apprenti. J'ai monté les échelons. J'ai été délégué syndical, puis délégué régional, agent d'affaires, avant de devenir le directeur de mon local...

Tous ceux qui me connaissaient avaient entendu différentes parties de mon histoire, mais ce jour-là, c'était la première fois que je pouvais offrir aux responsables et dirigeants de la centrale ma version des faits, et leur rappeler la nature de mon différend avec Jocelyn.

En 2006, Jocelyn Dupuis, le directeur général de la FTQ-C m'a approché pour que je me joigne à son équipe pour démarrer le local 1981. J'ai accepté à une condition : avoir accès sans contrainte à l'avocat de la FTQ afin de faire avancer la cause de mon local et de ses membres. Le 1981 était le seul métier mécanique à la FTQ-C à l'époque. Jocelyn Dupuis a accepté mes conditions et je me suis engagé à améliorer le sort des mécaniciens industriels. J'ai toujours cru, et je le crois encore, que tous les travailleurs du Québec devraient être membres d'une centrale syndicale québécoise, gérée par des Québécois, pour des Québécois, et que cette centrale devrait être la FTQ...

Le local 1981 a été le premier à remporter une décision favorable depuis l'entrée en vigueur de la loi 115 (qui interdit la discrimination basée sur l'allégeance syndicale d'un travailleur). C'était contre la compagnie Liard Mécanique. Avec l'appui de Jocelyn Dupuis et le soutien de Robert Laurin, l'avocat de la FTQ-C, nous avons bâti notre défense autour d'enregistrements. Des enregistrements réalisés avec l'accord de Jocelyn Dupuis et de Robert Laurin dont le but était de piéger le contracteur de façon à ce que les responsables de Liard Mécanique se compromettent...

Je regardais l'œil de la caméra. Le petit voyant rouge. Marc était vraiment dedans. Il a levé son pouce pour me dire que tout allait comme sur des roulettes. Avant le début du tournage, on s'était entendus sur le fait que la vidéo devrait être de bonne qualité. On voulait produire notre *Apocalypse Now!*

Ça nous faisait bien rire. Parce que je savais que j'aurais l'air
un peu cabochon. J'ai jeté un œil sur le texte inscrit en gros
sur les cartons devant moi.

*La stratégie contre Liard Mécanique avait tellement bien
marché qu'on a décidé de l'utiliser contre tous les contracteurs
mécaniques qui refusaient d'embaucher mes gars sous prétexte qu'ils ne faisaient pas partie du bon local. Ensemble, on a
amassé plus de 75 heures d'enregistrements qui, il n'y a pas
d'autres manières de le dire, mettent beaucoup de contracteurs
dans de beaux draps. À commencer par Gastier Mécanique,
qui a reçu des millions de dollars du Fonds de solidarité, et
Ganotec, dont les patrons sont des amis personnels de Jocelyn
Dupuis, qui se compromettaient en disant qu'ils ne pouvaient
pas engager les gars du 1981 au Québec sans avoir des répercussions de son rival de l'Inter, le 2182. Ganotec était tellement
prise à la gorge par le 2182 qu'elle a été obligée de faire venir
des hommes de Montréal pour avoir de la main-d'œuvre en
Abitibi. Parce que presque 100 % des mécaniciens industriels
de cette région sont affiliés à mon local et que Ganotec ne voulait pas les embaucher. Du coup, et avec le consentement de
Jocelyn Dupuis, Ganotec avait fait venir des hommes de Montréal. À l'époque, Jocelyn Dupuis m'avait demandé d'avaler la
pilule parce qu'il voulait faciliter la vie à son ami Eugène Arsenault, le patron de Ganotec. En échange, ce dernier s'était engagé à embaucher des gars de mon local. Un an et demi plus
tard, j'attendais toujours le coup de fil de Ganotec...*

Si j'attendais toujours ce coup de fil, j'en avais reçu d'autres
entre-temps. Dont celui d'un journaliste vétéran de TVA, André
Jobin, le premier à s'être vraiment penché sur mon histoire. Il
s'était retrouvé en possession d'indices qui démontraient clairement que plusieurs contracteurs québécois faisaient de la
discrimination syndicale. Il jugeait ses preuves suffisamment
convaincantes pour faire un reportage et cherchait à en savoir
plus. Je lui ai parlé du sort des gars du local 1981.

Hasard ou coïncidence ? Peu après la diffusion de ce reportage où j'étais interviewé, Jocelyn Dupuis a ordonné à Robert
Laurin d'annuler les procédures de ma poursuite contre le local 2182. Cette décision scellait le sort de mes gars. C'est ce que
souhaitait Jocelyn, d'autant plus qu'il avait déjà engagé des
discussions avec Alain Plante, un conseiller de la CSD, pour
qu'il me remplace à la tête du 1981. Et cela même si, selon la
charte de mon local et celle de la FTQ, seuls les membres d'un
local ont le droit de choisir qui le dirige. Comme si ce n'était
pas assez, Jocelyn, avec l'appui de son copain Eugène Arsenault, continuait de chercher à semer le doute sur moi dans la
tête des membres pour que je quitte mon local. Et il n'était pas
le seul. La direction de la FTQ-C était prête à bafouer ses
propres règlements pour me rayer de la carte...

J'entends mon « cameraman » claquer des doigts. Au passage, sans Marc, Gilbert et quelques autres amis à la couenne
dure, je n'aurais jamais eu la force de traverser cette épreuve.
Marc m'indique le grand carton blanc où j'avais noté les mots-
clefs de mon intervention.

*Je vais vous exposer le plus gros scandale de l'histoire de la
FTQ-C. Le scandale d'un homme et de ses complices. Sur la
table devant moi, j'ai des papiers qui me sont tombés du ciel...
Beaucoup de personnes importantes à la FTQ-C ne veulent pas
que je vous les montre. Parce qu'ils savent ce je m'apprête à
vous exposer. Je les ai même montrés à Michel Arsenault, le
président de la FTQ. Et tout le monde a eu la même réaction :
ils ont traité Jocelyn Dupuis de voleur. Mais il est encore là. On
va même lui donner une prime de séparation d'environ
191 000 dollars pour ses belles années de service, sa loyauté et
son intégrité envers les membres de la FTQ-C...*
Malgré sa démission, Jocelyn restait toujours aussi influent. Et il pesait de tout son poids pour que Richard Goyette
et Yves Mercure, ses protégés, remportent les élections de
novembre.

*J'ai en ma possession pour plus de 200 000 $ de photoco-
pies de reçus dépensés dans les restaurants au cours de la dernière année et demie. J'ai en ma possession des reçus originaux
pour un montant total de près de 125 000 $ pour les derniers
six mois. Je vais vous laisser juger par vous-mêmes ce que je
considère être de la fraude. Entre décembre 2007 et juin 2008,
Jocelyn Dupuis a gaspillé 124 027 $ dans les restaurants. Soit
17 262 $ en décembre, 19 345 $ en janvier, 24 624 $ en février,
11 175 $ en mars, 22 613 $ en avril, 10 008 $ en mai et 19 000 $
en juin. Sur six mois, ça donne un total de 124 027 $ dépensé
dans les restaurants. Si on ajoute son salaire et autres avances,
on arrive à un montant total de 266 062 $...*

J'étais bien conscient que c'était beaucoup d'informations
pour les gens qui allaient regarder cette vidéo. Mais comment
faire autrement pour leur prouver l'ampleur de la fraude ?

*En multipliant par deux ce que Jocelyn a dépensé dans les
restaurants et perçu en salaire sur une période de six mois, on
arrive à un total de plus d'un demi-million de dollars, dont
presque la moitié en bouffe et en vin. Et toutes ces dépenses
ont été approuvées par Mario Roy, Yves Mercure, Eddy Brandone, Rénald Grondin et Alain Pigeon [je donnais leurs titres].
Je vous nomme ces noms-là parce que ce sont des joueurs majeurs, ce qui démontre que M. Dupuis est encore bien présent à
la FTQ-C. Je veux vous donner un exemple des endroits où il
dépensait tout cet argent. En décembre 2007, il est allé entre
autres au Gibbys, au Houster, chez Zibo, à la Vieille Cheminée,
au Hawg's Deli, au Sterling, chez St-Hubert et au Bull's Eye, à
Mont-Tremblant...*

J'ai énuméré tous les restaurants où Jocelyn avait préten-
dument mangé entre décembre 2007 et juin 2008. C'était un
peu long, mais c'était important de montrer à quel point Jocelyn dépensait à tort et à travers sans jamais avoir peur de se
faire taper sur les doigts...

Clac ! Clac ! Les doigts de Marc.

Maintenant, je vais vous montrer les factures originales. Regardez-les bien attentivement pour tirer vos propres conclusions. Encore une fois, tout ce que je m'apprête à vous montrer, les directeurs de la FTQ-C l'ont vu. Et ils ont tous réagi de la même façon, en disant que Jocelyn était un voleur. Mais une semaine et demie après, ils ont voulu m'expulser de la FTQ-C. Et si ce n'était pas du courage de Bernard Girard et de Jean Lavallée...

Le courage de Jean Lavallée ? C'était un peu exagéré, mais les enjeux n'étaient plus les mêmes depuis le déclenchement des élections. On ne parlait plus seulement de défendre mes gars, mais de sauver la centrale. Si je devais faire équipe avec Johnny pour gagner les élections, il n'y avait pas à hésiter. C'est ce qui m'a amené à passer beaucoup de temps avec Bernard Girard et lui pour élaborer la meilleure stratégie possible. On se rencontrait dans le bureau de Johnny, dans les locaux de la puissante FIPOE, dont Johnny était le directeur général depuis la fin des années 1970. On a passé des heures enfermés là pendant cette campagne déchirante pour la FTQ-C. Et puis, un jour, alors qu'on se creusait les méninges dans une réunion d'urgence pour gagner des votes, la secrétaire de Johnny est entrée brusquement avec un livre à la main. Elle avait les traits tirés de quelqu'un qui n'avait pas beaucoup dormi.

— Je l'ai lu.

Elle a posé le livre sur le bureau de son patron sans sembler se soucier de nous couper la parole. Elle avait l'air d'être branchée sur le 220.

— Pis ?

Je les regardais tour à tour en cherchant à comprendre.

— C'est bon, je n'ai rien vu qui pourrait nous faire mal.

Johnny avait l'air soulagé. Mais c'était quoi au juste, ce bouquin ? Qu'est-ce qui pouvait leur faire aussi peur ? Je me suis étiré pour attraper le livre sur le bureau de Johnny. J'étais curieux de savoir ce qui pouvait pousser la secrétaire du président de la FTQ-C à interrompre une réunion de crise, alors que la maison était en feu et que les élections semblaient loin d'être gagnées.

J'ai jeté un œil sur la photo en couverture: une jolie femme aux allures de vamp. C'était une biographie. Quand j'ai finalement allumé, je me suis redressé d'un coup sur ma chaise.

— Expliquez-moi quelqu'un? On est en train de chercher comment empêcher la FTQ-C de tomber entre les mains des chums à Jocelyn, et il faut tout arrêter à cause d'un livre *people*?

Johnny a pris une de ses grandes inspirations et m'a répondu quelque chose qui ressemblait à ça:

— Je ne vais pas te faire un dessin, Ken, mais, disons que ça aurait pu nous faire beaucoup de mal.

— Vraiment? Explique-moi donc comment des affaires de vie privée pourraient faire du mal à la FTQ-C? Et ne me dis pas que c'est trop compliqué...

Johnny a regardé sa secrétaire, qui a aussitôt regardé le bout de ses pieds.

— Tu veux pas le savoir, OK?

Il m'avait cloué le bec. Qu'est-ce que j'aurais bien pu lui demander de plus? Je me suis levé, j'ai déposé le livre sur le bureau de Johnny et je suis sorti sans rien dire.

Clac! Les doigts de Marc.

Quand je vous dis que Jocelyn a des complices, il suffit de regarder les noms de ceux qui sont sur ses factures. Des factures écrites à la main et toujours payées cash, pour des totaux de 1288 $, 930 $, 461 $, 913 $ et de 1491 $ au Sterling Steak House, par exemple. Des factures qui indiquent qu'il se promène tous les jours avec un minimum de 2000 $ comptant dans les poches...

Mais la première chose que j'aimerais vous faire remarquer, c'est que toutes ces factures, peu importe le jour ou le restaurant, sont écrites avec un stylo noir, et qu'elles affichent toutes le chiffre huit avec la même calligraphie. Oui, le 8 est pareil sur toutes les factures. Regardez bien [là, les factures s'affichent à l'écran]. Regardez celle du 17 janvier 2008, par exemple. Regardez bien la forme du 8 [...].

Toujours le même stylo, toujours la même main, le même 8. C'est comme si Jocelyn était toujours servi par le même waiter. Comme si c'était toujours la même personne qui lui faisait ses reçus. Prenons l'exemple du Hawg's Deli, un restaurant à sandwich situé sur le bord du Métropolitain et où le repas coûte entre 12 $ et 15 $. J'ai ici des reçus de factures de 314 $, 681 $, 265 $, 417 $, 394 $, 305 $, 433 $, etc., toutes payées cash, et des reçus tous écrits à la main. Avec le même stylo noir et le même 8 qu'on retrouve sur les factures du Sterling à Laval, de la Brochette grecque à Rouyn-Noranda, etc.

Et on a toujours, ou presque, les mêmes noms inscrits à l'endos. Pierre Morin, Alain Pigeon, Rénald Grondin, Serge Dupuis, Robert Paul...

Serge Dupuis et Robert Paul. Deux hauts responsables de la FTQ-C, deux alliés de Jocelyn que j'allais bientôt recroiser sur ma route.

Tout ça, c'était *big* pour moi.

Très *big*.

CHAPITRE X

Parfois, quand j'avais l'impression que tout ça était trop *big*, je quittais le bureau, où plus personne ne m'adressait la parole, pour aller boire une bière. J'allais très souvent au Bâton Rouge des Galeries d'Anjou. J'aimais me retrouver là pour me poser, pour souffler un peu.

Je me souviens qu'un jour, j'avais particulièrement hâte d'arriver au *steak house*. Je roulais sur le boulevard Métropolitain en écoutant une chanson du groupe Rage Against the Machine, le volume à fond. C'est un morceau de rap-métal assez *hard* qui s'appelle *Killing in the Name* et qui dit, en gros, qu'il ne faut pas obéir aveuglément au pouvoir. Je roulais dans la voie du centre en chantant à tue-tête, et ça me faisait un bien énorme. C'était une échappatoire pour moi, après ces derniers mois de pure folie. « Rage Against the Machine »... ça ne s'invente pas !

Les gens dans les voitures à côté me jetaient des regards curieux, mais je m'en foutais. Je hurlais les paroles en tapant sur le volant. Tant pis si on me prenait pour un fou : ça me soulageait mieux que le meilleur des anxiolytiques.

And now you do what they told ya
And now you do what they told ya
And now you do what they told ya, now you're under control
And now you do what they told ya, now you're under control

C'est une chanson... puissante. Le chanteur répète sans
cesse les mêmes phrases. L'effet est à son plus fort à la fin de
la chanson :

Fuck you, I won't do what you tell me!
Fuck you, I won't do what you tell me!

Voilà ce que j'écoutais à plein volume en cherchant une
place de stationnement aux Galeries d'Anjou. J'avais encore le
refrain dans les oreilles en poussant la porte du Bâton Rouge.
Le bulletin météo de mon état d'esprit ressemblait à un aver-
tissement de tempête violente. J'avais encore vécu une journée sans queue ni tête. Un autre jour passé à chercher en vain
à placer mes gars sur des chantiers au Québec. Parce que
c'était encore ça, mon travail. C'était plus que décourageant,
mais si j'avais laissé tomber, je n'aurais pas respecté le premier
engagement que j'avais pris envers mes hommes. Ça aurait
été malhonnête de ma part d'empocher mon salaire de la
FTQ-C sans travailler, alors que mes gars étaient au chômage.

J'ai salué la barmaid et attrapé le *Journal de Montréal* qui
traînait sur le bar avant de m'installer à une table au bord du
mur. On se connaissait de vue, la barmaid et moi, mais j'étais
rendu tellement méfiant que je la surveillais du coin de l'œil,
par réflexe. J'avais de plus en plus de mal à faire confiance
aux gens. Notre conversation a été expéditive : je voulais ma
bière dans un verre glacé ou pas ? J'ai regardé ma montre
quand elle a tourné les talons. J'étais en avance. J'avais rendez-vous avec les deux Tchétchènes à qui j'avais trouvé du
travail en Alberta quelques mois auparavant. Ils étaient de
passage à Montréal pour quelques jours et ils avaient insisté
pour me voir. Ils voulaient me remercier en personne de les
avoir aidés à un moment crucial de leur vie (leurs mots, pas
les miens).

La serveuse a déposé mon bock devant moi et j'ai pris
une longue gorgée. Avec le recul, je reconnais que j'en enfi-
lais pas mal durant la guerre des clans à la FTQ-C. J'avais
l'impression que l'alcool avait un effet antidépresseur – même

si je sais bien que c'est faux – surtout dans ces moments de tension extrême. Mais l'heure de la bière restait un bon moment de la journée.

J'étais assis tranquillement à siroter mon deuxième verre quand je les ai vus entrer. Pas les Tchétchènes! Robert Paul, le directeur des opérations de la FTQ-C, et Serge Dupuis, son directeur de la sécurité du revenu (le frère de l'autre).

Fuck you...

Les paroles de *Killing in the Name* ont rejailli dans mon esprit alors qu'ils s'installaient à une table, à une vingtaine de pieds.

...I won't do what you tell me.

On ne s'est pas salués. Nos regards se sont croisés un instant, avant de s'éviter soigneusement. Une chose, au moins, était claire: on n'était pas de la même gang, et ni eux ni moi n'avions envie de faire semblant. On était irréconciliables.

Pourquoi étaient-ils ici, maintenant? Je ne pouvais pas m'empêcher de me poser la question. Je me sentais traqué depuis plusieurs semaines. Au point de traîner un *bat* de baseball en bois dans ma voiture et d'échafauder les pires théories du complot. J'ai essayé de me raisonner en me disant que le restaurant était fréquenté par les gars de construction qui habitaient dans le nord-est de la ville, et qu'il s'agissait sûrement d'une coïncidence. Mais je n'arrivais pas vraiment à m'en convaincre.

— Une autre?

J'ai sursauté. La serveuse avait l'air aussi étonnée que moi.

— Excuse-moi, mon grand. Je ne voulais pas te faire peur... Je t'en sers une autre?

Je lui ai fait un petit signe de tête affirmatif et elle a attrapé mon verre en me faisant un clin d'œil. Elle avait un sourire détendu. Elle n'avait pas la moindre idée des images qui se bousculaient dans ma tête. Elle est revenue dans le temps de le dire avec ma bière et un menu.

— Vas-tu manger?

— Peut-être, mais pas tout de suite. J'attends des amis. Ils viennent de Russie...

Elle m'a regardé avec des grands yeux.

— Eh bien ! ils ne viennent pas de la porte à côté, tes amis...

Ils n'étaient même pas russes. Au contraire, ils avaient fait la guerre deux fois contre la Russie. J'aurais voulu le dire à la serveuse, mais elle était déjà repartie derrière son bar.

En tout cas, mes Tchétchènes étaient des hommes de parole. Ils avaient promis de m'inviter au restaurant pour me remercier et ils revenaient à la charge à chaque fois qu'ils étaient de passage à Montréal. Ils m'appelaient toujours à la dernière minute.

— Ken, toi libre ce soir ?

Comme ça faisait déjà plusieurs fois que je déclinais leur invitation, je leur avais donné rendez-vous au Bâton Rouge. J'ai d'abord pensé que c'était eux qui arrivaient quand j'ai vu deux armoires à glace faire leur entrée dans le restaurant. Mais non. Mon cœur s'est mis à battre très vite quand j'ai réalisé que les deux fiers-à-bras en question se dirigeaient vers la table des gars de la FTQ-C. Mon pouls a encore monté quand Serge Dupuis, qui était assis face à moi, a changé de place pour s'installer à côté de Robert Paul, de façon à ce que les deux monstres se retrouvent directement face à moi.

Alors que Jocelyn continuait à faire circuler la rumeur absurde mais dangereuse que je prétendais avoir fait sauter le bunker des Hells, je n'étais pas vraiment à l'aise de me retrouver dans la même pièce que les deux *goons* qui me fusillaient du regard.

Par réflexe, j'ai attrapé la salière sur la table. Au fil des mois, j'avais pensé à quelques astuces pour me défendre au cas où le *bat* de baseball ne serait pas à portée de main. Je n'avais pas le choix parce que les menaces, anonymes ou pas, étaient de moins en moins subtiles. Comme ce rat mort qu'on avait laissé sur mon perron, une référence à l'expression *to rat on somebody*, c'est-à-dire balancer, « stooler »...

Le coup de la salière est un truc simple et efficace quand tu te retrouves seul contre deux agresseurs. La technique n'est pas très élaborée: jeter une poignée de sel dans les yeux du premier qui s'approche, frapper le deuxième le plus fort possible, puis retourner « achever » le premier pendant qu'il se frotte encore les yeux.

J'ai dévissé la salière alors que les deux gros gars me menaçaient toujours des yeux. Et puis là, malgré ou à cause de l'urgence de la situation, j'ai ressenti une envie pressante. Maudite bière...

Aller aux toilettes? Maintenant? Impossible.

Mon sixième sens me disait que je ferais mieux d'éviter de donner l'occasion aux deux costauds aux allures de motards de me suivre jusqu'au petit coin pour me faire passer un mauvais quart d'heure. Alors j'ai essayé de penser à autre chose...

J'ai repensé à la vidéo que je m'apprêtais à envoyer à tous les directeurs et dirigeants de la FTQ-C. Marc en achevait le montage et, comme Serge Dupuis et Robert Paul faisaient partie de ma liste d'envoi, j'essayais d'imaginer leur réaction – et celle de tous ceux dont les noms figuraient au dos des fausses factures de Jocelyn Dupuis. Il était hors de question pour moi de lâcher l'affaire simplement parce que Jocelyn avait démissionné. Tant qu'il serait en mesure de tirer les ficelles et que ses hommes feraient partie de la haute direction, je ne baisserais pas les bras.

Je repensais aux montants inscrits sur les factures de Jocelyn. Ils en avaient vraiment profité, les cochons.

Je sais que je viens de vous donner beaucoup trop d'informations, de chiffres et de montants. Mais, avant de décrocher, vous devez savoir que les dépenses de Jocelyn ont toujours été approuvées par les mêmes personnes: Eddy Brandone, Yves Mercure, Rénald Grondin, Alain Pigeon, Mario Roy, etc. C'est toujours les mêmes qui en ont profité [zoom sur des factures]:

Robert Paul, Serge Dupuis, Robert Paul, Eugène Arsenault, Robert Paul, Eugène Arsenault, Serge Dupuis, Rénald Grondin...

Le nom de Rénald Grondin revient sur une facture du Bâton Rouge. Une vraie facture, pour une fois. Jocelyn a utilisé sa carte de crédit pour payer un repas de 313,46 $ (plus un pourboire de 80 $). Tu as un sacré bon repas pour 393,46 $. Surtout quand l'une des deux personnes à table ne boit pas, comme c'est le cas de Rénald Grondin [...]. Mais ce que je remarque en premier sur cette facture, c'est la couleur du stylo : bleu. À partir du moment où Jocelyn paye avec une carte, il n'y a que le pourboire, le montant total et la signature qui sont écrits à la main. J'ai examiné les chiffres du pourboire et du montant total. Ils sont en bleu, mais le 8 dans le 80 $ du pourboire, lui, est pareil à ceux de toutes les autres factures en ma possession...

Pendant les six premiers mois de l'année 2008, les fausses factures démontrent que Jocelyn a dépensé plus de 124 000 $. Six mois de factures que j'ai fini par apporter à Michel Arsenault. On devait se voir dix minutes, on est resté ensemble pendant quatre heures. Parce qu'il ne pouvait pas croire ce qu'il avait sous les yeux – il l'a dit. À son crédit, son premier réflexe a été de défendre la centrale. On ne pouvait pas, selon lui, laisser un gars détruire à lui seul la réputation de la FTQ-C. Alors il m'a proposé de dénoncer les agissements de Jocelyn aux dirigeants de la centrale. Dans l'espoir que cet électrochoc leur permettrait de poser des gestes pour corriger la situation. L'idée était de laisser Jocelyn disparaître par la petite porte sans faire trop de bruit, et de passer à autre chose. Mais ce n'est pas ce qui s'est passé. Pourquoi ? Parce que Jocelyn les aurait tous fait chanter ? Parce qu'il les aurait achetés ? Moi, j'aimerais qu'on m'explique pourquoi, après tout ce que je viens de vous montrer, ceux dont les noms apparaissent sur les fausses factures sont toujours en poste. J'ai des dizaines de fausses factures en ma possession dont les membres de l'exécutif ont tous pris connaissance. Qu'est-ce qu'ils ont fait pour cor-

riger la situation ? Rien. Au contraire, ils sont passés à l'attaque et ont cherché à me dénigrer. Et ils s'en sont pris ensuite à la « bande à Johnny » (Bernard Girard, Éric Boisjoli, Yves Baril, Roger Poirier et moi). Ils nous accusent de vouloir détruire la FTQ-C. Mais vous savez qui, maintenant, est en train de la détruire ? Eddy Brandone, Richard Goyette, Yves Mercure, Rénald Grondin, Alain Pigeon, Mario Roy, Yves Ouellet, Guy Martin...

Guy Martin, l'agent d'affaires du local 135 qui m'a coincé un jour pour me dire que j'étais allé trop loin et que je devrais faire attention. Faire attention à quoi ?

Au départ, je voulais les mettre tous à la porte. Et au final, ils se sont tous retournés contre moi et ils me traitent de voleur. Richard Goyette a passé neuf ans au poste de directeur adjoint de Jocelyn et il prétend qu'il n'était au courant de rien. Et maintenant, il se présente comme un sauveur à la succession de Jocelyn. Richard Goyette va continuer à se faire manipuler par Jocelyn. Yves Mercure aussi. Alain Pigeon avait la chance d'arrêter, mais il ne l'a pas fait. Parce qu'il s'est fait avancer de l'argent par la FTQ-C ? Et Rénald Grondin, est-ce qu'il va mettre ses culottes un jour ? Lui qui m'avait dit en plein meeting de l'exécutif que j'étais pour manger toute une volée... Pourquoi ? Pour avoir dit la vérité ?

Il est encore temps de tous se tenir debout ensemble et de choisir le bon côté. Jocelyn Dupuis est l'une des raisons pour lesquelles personne ne croit plus au mouvement syndical. C'est un voleur. Un moins que rien. Comme Vincent Lacroix...

L'avenir de la FTQ est entre vos mains. Si j'avais été un égoïste, j'aurais pu monnayer les papiers que je viens de vous montrer. À une autre centrale syndicale, par exemple. Pour me la couler douce. Mais je suis trop attaché au mouvement syndical. En tout cas, plus que ceux dont les noms sont au dos des factures de Jocelyn.

Au départ, j'ai voulu régler le problème à l'interne. Mais quand j'ai vu que les factures n'étaient que la pointe de l'iceberg, je suis allé m'adresser à Michel Arsenault et puis aux *hauts dirigeants de la FTQ-C. C'est à vous de décider. À vous de poser les bons gestes et de reprendre le contrôle de votre centrale. Je vous laisse une dernière chance. Mais, si vous ne la saisissez pas, à mes yeux, vous serez les complices de Jocelyn Dupuis. Parce que vous l'avez laissé en poste. Parce que vous l'avez laissé se gaver avec l'argent de nos membres. Parce que vous n'avez aucun respect pour les travailleurs que vous êtes censés représenter. J'ai honte de vous. Parce que vous êtes prêts à détruire le Fonds de solidarité et la FTQ-C juste pour continuer à vous gaver d'alcool et de pitounes.*

Quant à toi, Jocelyn Dupuis, toi qui as détruit mon local et brisé plusieurs de mes hommes, tu utilises l'argent des travailleurs pour t'acheter de l'amour et des amis, mais tu restes un moins que rien. Et tu ne me fais pas peur, Jocelyn Dupuis. Je n'ai peur de personne à la FTQ. Parce que j'ai appris à être un homme bien avant d'être nommé directeur. C'est mon père qui me l'a appris et ce ne sera certainement pas quelqu'un comme toi, Jocelyn Dupuis, qui va m'empêcher de le rester. Je le répète, dirigeants de la FTQ-C, je vous donne un ultimatum, et je vous demande d'y penser sérieusement. Afin de pouvoir enfin régler cette histoire entre nous. Merci beaucoup.

Je me doutais bien que les directeurs et autres dirigeants de la centrale me trouveraient un peu trop intense dans la vidéo, mais comment faire autrement ? Je voulais susciter leur colère et leur révolte afin qu'ils aient enfin le courage de dire non, et pour qu'on se débarrasse de Jocelyn et compagnie pour repartir sur de meilleures bases. Voilà à quoi je rêvais pour ne pas trop penser aux fiers-à-bras du Bâton Rouge quand mes deux amis tchétchènes, Borz et Lom, sont arrivés.

— Ken !!

Ils me sont tombés dans les bras comme si on ne s'était pas vus depuis des siècles. Pour eux, c'était un soir de fête, l'occasion de me remercier de leur « avoir sauvé la vie » quand toutes les portes du Québec leur claquaient au nez. Ils por-

taient leurs habits du dimanche, mais rien ne pouvait camou-
fler sur leurs visages la trace des souffrances passées.

— Ça va pas bien, Ken?

Comment résumer ça, Borz? Avec ses yeux bleu ciel dont
un était en verre, il était toujours aussi impressionnant. Il
était du genre meneur malgré lui, et c'était toujours lui qui
prenait la parole le premier.

— C'est quoi le problème?

Je leur ai expliqué la présence des gars de la FTQ-C et des
deux « gars de bicycle ». J'ai voulu désamorcer la situation en
leur proposant d'aller ailleurs.

— Ils sont arrivés un peu après moi. Je ne sais pas s'ils
sont là pour me provoquer, mais je ne veux pas tomber dans
le piège.

Borz m'a regardé. Pour lui, il était hors de question de
quitter les lieux.

— Toi arrivé ici le premier. Eux, partir. Pas nous.

— Ils veulent que je pète les plombs pour porter plainte
contre moi ensuite. Pour voie de fait, par exemple. Ils savent
que j'ai la mèche courte et que j'ai déjà eu ce genre d'ennuis.
Ils veulent salir ma réputation.

— Relax. Moi leur parler...

J'ai regardé Borz et son copain Lom, qui se tenait debout
à ses côtés. Ils avaient l'air de vouloir régler la situation vite
fait. Ils n'étaient pas inquiets ou quoi que ce soit. Non, simplement, ils ne voulaient laisser personne nous gâcher la soirée.

— On devrait juste les ignorer...

J'avais dit ça sur un ton sincère, mais je pensais exactement le contraire. En vérité, je n'avais envie que d'une chose :
me défouler en leur sacrant une bonne volée. Je ne sais pas si
Borz a lu dans mes pensées, mais il a posé sa grosse main sur
mon épaule. J'ai aussitôt senti la force de la machinerie lourde.
Il travaillait à bord de Caterpillar géants aux roues ou aux
chenilles aussi hautes que ma maison. Il ne connaissait absolument rien de mes problèmes à la FTQ-C, mais il savait que

quelque chose ne tournait pas rond, ici et maintenant, au Bâton Rouge.

— Je leur parler...

Il a attrapé une serviette blanche dans laquelle étaient
enroulés des ustensiles et l'a laissée se dérouler dans le vide.
Une rafale de *cling-cling* a résonné dans la pièce quand la
fourchette, la cuillère et le couteau ont rebondi sur la table en
faisant tournoyer la poivrière. J'ai vaguement fait un geste
pour l'empêcher de tomber avec ma main gauche, celle qui ne
tenait pas la salière.

Borz a attrapé la cuillère et s'est dirigé tout droit vers la
table des quatre tarlais. Je ne pouvais pas tout voir d'où j'étais,
mais je voyais clairement l'ustensile dans la main du Tchét-
chène. J'ai laissé échapper un petit rire. Pourquoi est-ce qu'un
gars qui a fait la guerre choisirait une cuillère plutôt qu'une
fourchette ou un couteau ?

J'ai compris quand Borz est arrivé devant eux. Lom a tiré
sur ma manche, comme pour s'assurer que je ne manquerais
rien. Malheureusement, Borz me cachait en partie la vue. Je
voyais surtout son dos. Son gros dos, et la cuillère qu'il faisait
danser sous les yeux des deux armoires à glace, comme pour
les hypnotiser. Je ne sais pas ce qu'il leur murmurait en même
temps, mais ils fondaient à vue d'œil. La scène n'a pas duré
vingt secondes, mais après, la dynamique avait complètement
basculé. Le temps que Borz revienne à notre table avec son
sourire de Bouddha, les deux gros avaient déjà déguerpi, et
Paul et Dupuis couraient après la serveuse pour régler la note.

— Qu'est-ce que tu leur as dit, Borz ?

Il s'est assis en face de moi en faisant signe à la barmaid
de nous apporter une tournée.

— Rien. Ils sont rien. Plus jamais ils vont t'emmerder.

« Ils sont rien... »

Chapitre XI

Faire la vidéo m'avait soulagé, mais ça m'avait aussi ébranlé. Je jouais le tout pour le tout. Si les dirigeants et directeurs dont les différents locaux forment la FTQ-C ne prenaient pas mon ultimatum au sérieux, il ne resterait pas cent solutions : je devrais faire appel aux médias. Il me fallait aussi choisir mon moment pour distribuer la vidéo. Avant les élections ? Après ? Parce que les élections à la FTQ-C, aussi serrées qu'elles s'annonçaient, étaient une occasion concrète de se débarrasser de Jocelyn. Enfin, c'est ce que je pensais jusqu'au jour où le directeur adjoint Éric Boisjoli, à la demande de Louis-Pierre Lafortune, de Guay inc., une des plus grandes compagnies de grues au pays, m'a informé que j'étais « convoqué » par Raynald Desjardins au Hilton de Laval, sur le bord de l'autoroute 15, pas loin de l'endroit où un pick-up avait percuté ma voiture. Un pick-up comme on en voit tous les jours sur les chantiers, mais dont la police n'a jamais retrouvé la trace.

Officiellement, Raynald Desjardins était actionnaire dans des compagnies liées au domaine de la construction, dont le Groupe Samara. Il avait la réputation d'être un proche du parrain Vito Rizzuto. On disait qu'il était un homme intelligent et très respecté.

Moi, convoqué par Raynald Desjardins ? Difficile de calmer mon imagination. Une foule de rumeurs circulaient à son sujet, souvent alimentées par le même homme qui en répandait à mon sujet : Jocelyn. Il y en avait une, en particulier, qui ne s'essoufflait pas dans les locaux de la FTQ-C, selon laquelle Desjardins était associé au sein de la compagnie de décontamination Carboneutre à Jocelyn Dupuis et à Joe Bertolo, le frère du mafieux et syndicaliste Johnny Bertolo assassiné en 2005.

Éric Boisjoli, l'actuel DG adjoint de la FTQ-C, est resté très vague au sujet de l'invitation :

— Il y a quelqu'un qui veut te voir...

— Qui ?

Il m'a juste répondu que cela serait mieux que j'y aille.

— C'est une bonne chose, Ken. Une belle occasion de te vider le cœur.

Me vider le cœur ? J'ai vite appris que le quelqu'un en question, c'était Raynald Desjardins. Il faut savoir que son nom ne faisait pas la une des journaux à l'époque. Il était tout sauf une personnalité médiatique. Il a fallu que Bernard Girard me fasse un portrait sommaire du personnage. Voilà comment j'ai découvert l'homme que Michel Arsenault surnommait « le Moineau ».

— Mais pourquoi est-ce qu'il veut me voir ?

— Il veut te parler, c'est tout.

— Dans un lieu public, j'espère ?

Le rendez-vous a eu lieu un dimanche matin. Il y avait une demi-douzaine d'armoires à glace à l'entrée du restaurant du Hilton. Bernard Girard était avec moi.

— Ils n'ont pas l'air très contents...

Ils ne passaient pas inaperçus. Tous les clients sur place les fixaient en chuchotant entre eux. On voyait qu'il y avait longtemps qu'il n'y avait pas eu autant d'action à Laval.

J'ai repéré Louis-Pierre Lafortune. Il était là avec un autre gars, un proche de Raynald Desjardins qui s'appelait Gaétan Gosselin. Lafortune m'a fait signe de le rejoindre. Sans faire partie de la même gang, on se connaissait. Ce n'était pas la première fois qu'il se trouvait sur mon chemin depuis que tout avait déraillé. J'étais même déjà allé à son bureau. Mais je savais qu'il n'était qu'un messager. Comme Jocelyn, il se donnait de l'importance, mais il ne faisait aucun doute qu'il n'était rien de plus qu'un second couteau. Aussitôt assis, je n'ai pas pu m'empêcher de l'interpeller :

— Tu avais dit qu'on serait être juste entre nous et qu'il n'y aurait pas de problème.

— Ouais...

— C'est qui les gars à la porte ? Des touristes ?

Il a tourné la tête dans leur direction avant de me répondre.

— Aucune idée, Ken. Je ne les connais pas.

J'ai regardé Bernard Girard le temps de tourner ma langue sept fois dans ma bouche. Ses jointures étaient blanches tellement il serrait fort les bras de sa chaise. Je n'étais pas encore rendu à cinq tours de langue quand je me suis retourné vers Louis-Pierre Lafortune.

— Ça commence mal, mon homme. Ça commence mal, avec tes maudites menteries.

Il n'a pas eu le temps de me répondre. C'est Gaétan Gosselin qui a pris la parole, avec une certaine autorité, pour m'expliquer les règles à suivre dans une rafale de mots.

— Écoute-moi bien, Ken. On est ici pour parler, et il n'y a pas de problème. Mais tu dois rester poli avec Raynald, et ne pas lui sacrer après. Tu ne dois pas non plus l'insulter ou parler de la famille. Compris ?

— C'est bon...

Les choses avaient le mérite d'être claires. J'ai regardé Bernard Girard du coin de l'œil. Il avait l'air soulagé. Enfin, il avait lâché les bras de la chaise et taponnait maintenant le rebord de la nappe du bout des doigts. Autour de nous, comme par magie, les clients plutôt âgés s'étaient acclimatés à l'ambiance et jouaient des coudes autour du buffet, comme dans

un tout inclus. Gosselin a continué de me donner ses directives :

— Raynald est un bon gars. C'est quelqu'un qui a de
l'écoute. Mais ne va surtout pas l'insulter. Et il ne faut pas que
tu insultes ses amis non plus. Comme Jocelyn, par exemple.

Être poli au sujet de Jocelyn ? Ce moins que rien ?

Gaétan Gosselin avait clairement été prévenu que je
n'étais pas un client facile, ni le genre à mettre des gants
blancs. D'un autre côté, même s'il me répétait les choses trois
fois plutôt qu'une et que j'avais un peu l'impression qu'il me
prenait pour un cave, je respectais son franc-parler.

— Ne l'envoie pas promener, et ne va pas lui dire que
Jocelyn est un crosseur. Parce qu'il ne va pas aimer ça...

Je ne sais même pas comment j'ai fait. Comment j'ai réussi
à emprisonner le rire qui cherchait à sortir de ma bouche. Ça
m'arrive souvent quand je me retrouve dans des situations
étranges, comme ce matin-là, au Hilton de Laval. Plus tard,
quand j'ai raconté la scène à un ami, il m'a dit qu'il avait l'impression d'entendre un extrait du livre *Survivre à un tête-
à-tête avec un gangster pour les nuls.*

Je n'écoutais plus vraiment Gosselin. J'ai fini par lui dire :

— C'est beau. J'ai compris.

C'était à moitié vrai. Parce que je ne savais toujours pas
pourquoi j'étais à Laval, en ce dimanche matin. Évidemment,
je m'attendais à me faire reparler de l'histoire des fausses factures et du chiard que j'avais provoqué à la centrale. Mais
depuis que j'avais respecté l'ultimatum de la FTQ-C en les rap-
portant à Johnny Lavallée, j'avais l'impression que le monde
était passé à autre chose – à commencer par l'organisation
des élections qui allaient déterminer qui prendrait le contrôle
de la centrale. Mais j'étais peut-être complètement dans le
champ. Comment savoir, quand plus personne ne m'adressait
la parole, mis à part les gars de mon local et quelques amis
comme Bernard Girard et Georges Lanneval, du local 99 ? En
fait, ça m'a vraiment fait souffrir : personne ne me regardait

dans les yeux depuis que Jocelyn faisait circuler la rumeur que je l'avais dénoncé en exagérant ses dépenses. Pour beaucoup de monde, j'étais l'ennemi numéro un. Le voleur. Le traître.

En attendant l'arrivée de Desjardins, je m'efforçais de rester concentré, malgré l'aspect surréaliste de la situation : on m'avait fait venir dans un hôtel, au milieu des clients qui s'agglutinaient autour du buffet du dimanche, pour rencontrer un homme à la réputation sulfureuse accompagné de ses gros bras.

Je me suis raidi sur ma chaise ; Louis-Pierre Lafortune l'a remarqué et a aussitôt cherché à me rassurer.

— Ken...

Je l'ai stoppé net, et un silence inconfortable s'est installé. Heureusement, Raynald Desjardins est arrivé. Il a fait son entrée sans tambour ni trompette. Je ne l'avais jamais vu de ma vie. Il a traversé le restaurant d'un pas rapide. On était installés à deux tables de quatre, accolées l'une à l'autre. Sans dire un mot, il a retiré l'une des tables et attrapé une chaise dans le même élan. D'un coup, on était cinq autour de la même table : Desjardins, son copain Gosselin, Lafortune, Bernard et moi.

Raynald s'est assis directement devant moi :

— Salut, ça va bien ?

Il ne s'adressait à personne d'autre. Soudainement, les consignes de son copain se sont mises à défiler dans ma tête : rester poli, ne pas insulter ses amis...

Sans attendre ma réponse, il a commencé à me raconter son parcours. J'étais tendu, et il le savait bien. Il m'a raconté qu'il avait fait quatorze ans de prison et qu'il aurait pu y rester moins longtemps, mais qu'il avait préféré fermer sa gueule. Je l'écoutais religieusement.

Même s'il était très clair qu'il n'était pas venu pour m'intimider, Raynald Desjardins restait quelqu'un d'assez imposant. Je dirais qu'il a une autorité naturelle, celle qui fait que toutes les grandes gueules s'écrasent dès qu'il entre dans une pièce, par exemple.

Je travaillais donc fort sur mes bonnes manières quand il m'a posé la question la plus simple à laquelle j'avais eu à répondre depuis longtemps :

— Dis-moi ce que je pourrais faire pour améliorer ta relation avec Jocelyn Dupuis ?

Sur le coup, je me serais pincé. Il y avait zéro agressivité dans sa voix. C'était une question qui ne demandait rien d'autre qu'une réponse franche. J'ai repensé aux conseils que Gosselin m'avait donnés avant de répondre. Comment faire pour ne pas l'insulter ?

— Honnêtement, c'est vraiment gentil. Mais je ne vois pas ce que tu pourrais faire...

J'ai hésité une seconde. Je me suis légèrement redressé sur ma chaise, en m'assurant que mon corps n'envoyait aucun message négatif. Et puis, j'ai décidé de finir ma phrase avant qu'il ne soit trop tard.

— À moins de me dire ce que je devrais faire à un gars qui raconte à tout le monde que je suis un délateur ? Ou que mes enfants risquent de devenir orphelins bientôt ?

Il me regardait droit dans les yeux.

— Ou encore, que je me vante d'avoir fait sauter le bunker des Hells, à Sorel ?

Je jouais ma vie. J'avais l'impression qu'un courant électrique traversait mon corps. D'un coup, le visage de Raynald Desjardins s'est détendu.

— Ouais, je sais. Je l'ai entendu celle-là. La fameuse histoire du bunker...

Sa phrase est restée en suspens, puis il a ajouté :

— Pas fort...

Le simple fait que Desjardins reconnaissait que ce n'était « pas fort » de la part de Jocelyn d'avoir inventé cette rumeur a changé la dynamique autour de la table. Tout le monde semblait d'accord avec lui. Moi le premier.

Comme on parlait de son ami, il en a profité pour m'expliquer à quoi m'en tenir.

— C'est simple, Ken. Je pars une compagnie et Jocelyn va
travailler pour moi. Je ne sais pas à quel point tu connais Jocelyn, mais c'est un gros bébé. Un gros bébé qui aime les
grosses bébelles. Avec la compagnie, on va l'amener en Eu-
rope et aux États-Unis. On a beaucoup de projets pour lui. Il
va être pas mal occupé...

Il me parlait de l'avenir de Jocelyn comme s'il s'envolait
pour de bon vers un eldorado, et que son influence au Québec
était déjà chose du passé.

Moi, je pensais à mes gars et à leurs chèques qui rebondis-
saient à la Caisse pop – qui était loin de se comporter comme
une coop, quand un de ses membres perdait son gagne-pain.

— Ouais, ben, tant mieux pour lui!

J'avais dit ça sur un ton détaché. Presque enjoué. Et, le
pire, c'est que j'étais sincère. Jocelyn devenait le dernier de
mes soucis à partir du moment où il n'était plus à la FTQ-C.

Encore là, tout le monde autour de la table semblait d'accord. Les trois autres hochaient la tête, comme des poupées à
ressorts. Dans un autre contexte, ça aurait pu être vraiment
drôle. Mais pas là.

Raynald Desjardins a relancé la conversation tendant la
main vers moi.

— Tu sais ce que j'aimerais, Ken? J'aimerais que tu me
dises ce que tu veux et ce dont tu as besoin. N'importe quoi.

N'importe quoi, vraiment? Par où commencer... Placer
tous mes gars? Non, mieux valait commencer par quelque
chose de plus réaliste.

— Déjà, j'aimerais qu'ils arrêtent de me traiter de tous les
noms et de parler dans mon dos à la FTQ-C. Ils m'ont complètement isolé. Ça fait des semaines et des semaines que personne ne me parle au bureau. Je veux qu'ils arrêtent leurs
tactiques d'intimidation. C'est pas normal. Pas dans un syndicat...

C'était un cri du cœur. Tout le monde attendait la réponse du grand homme, mais, juste avant, j'ai ajouté :

— Déjà, ça serait énorme. Parce que c'est insupportable pour moi de passer pour un traître. Ce n'est pas qui je suis...

Raynald Desjardins a posé sa main sur la table.

— C'est bon, Ken. C'est fini. Ça n'arrivera plus...

J'ai pu constater la portée de son influence dès le lendemain matin en arrivant au bureau, quand Richard Goyette, Serge Dupuis, Robert Paul et d'autres ont pris le temps de venir me saluer chacun à leur façon. Même chose à la cafétéria du deuxième étage, où tout le monde a recommencé à me parler de la pluie et du beau temps, comme si de rien n'était. Jamais je n'aurais pu imaginer ça juste 24 heures auparavant. Mais au Hilton de Laval, Raynald Desjardins, lui, n'en avait pas douté une seconde :

— Écoute-moi bien, Ken. C'est très simple : tu vas t'asseoir avec Louis-Pierre [Lafortune] pour lui dire ce que tu veux. Et puis on va s'entendre sur une manière de t'aider, et on va le faire, OK ?

Je lui ai fait signe que oui, et puis clac ! *Just like that !* L'affaire était classée pour lui. Il était temps de passer aux choses importantes.

Alors quand il a commencé à me parler de Johnny Lavallée et de son ami Tony Accurso, je me suis dit : « Tiens, tiens, voilà le vrai but de notre rencontre. » Dans sa façon de parler de Johnny et de Tony, j'avais l'impression d'entendre Jocelyn. À moins que ce ne soit Jocelyn qui répétait ce que Raynald lui soufflait à l'oreille, ce qui me semble plus probable.

— Sérieusement, Ken. Tu ne crois pas que ça fait assez longtemps qu'ils gèrent le Fonds de solidarité ?

Je n'ai rien répondu. Je ne savais pas quoi dire et je ne voulais pas le freiner dans son élan.

— Tu ne crois pas qu'il serait temps qu'ils nous laissent notre part du gâteau ?

Notre part du gâteau? Le gâteau des travailleurs et des travailleuses du Québec, dont les actifs dépassent les dix milliards de dollars? Et une part pour qui, au juste? Jocelyn et lui?

J'ai regardé tour à tour Bernard, Lafortune et Gosselin, avant de retrouver le regard de Desjardins, qui continuait à m'expliquer que c'était dans l'ordre des choses. «La roue tourne...» ou quelque chose du genre.

Desjardins m'avait convoqué, un dimanche matin, pour me dire d'effacer Jocelyn de ma mémoire et d'arrêter de taquiner le nid de guêpes. En retour, il me donnerait tout ce dont j'avais besoin. Mais il fallait que je choisisse mon camp, que mes histoires de placement syndical et de factures ne l'empêchent pas de débarquer Johnny de la présidence de la FTQ-C et de donner à la bande à Jocelyn un siège au Fonds de solidarité.

Avant de partir, Desjardins m'a dit que je devrais passer faire un tour à son bureau.

— Ça me permettrait de mieux te connaître. Tout le monde dit que tu es le genre de gars à te tenir debout. C'est rare, ça. Au Québec, les hommes ont peut-être tous des pénis, mais il y en a pas beaucoup qui ont des couilles. T'en as, toi. Arrange-toi donc pour les garder...

Chapitre XII

En quittant le parking du Hilton, je n'ai pas pu m'empêcher de jeter un coup d'œil à Bernard Girard.

— Tout ça pour ça? Tout ça, c'était pour avoir accès à l'argent du Fonds de solidarité?

Il cherchait les mots pour résumer ce qui était, en somme, une révélation aussi claire que troublante.

— Qu'est-ce que t'en penses, Ken?

— Je pense qu'ils courent tous après la même chose...

— Moi, je pense que ça se peut pas. C'est trop gros. Le gouvernement ne va pas laisser le contrôle du Fonds à la mafia ou aux Hells...

— Ce que je sais, c'est que tu peux t'en payer des bébelles avec dix milliards de dollars. Et on en connaît un qui aime vraiment ça, les bébelles...

En roulant vers Montréal, petit à petit, nos nerfs se sont relâchés. Ils avaient été mis à rude épreuve. On a eu quelques fous rires et puis, on a laissé le silence s'installer. Quelle matinée...

La stratégie de Raynald Desjardins était simple: détrôner Johnny Lavallée et récupérer au CA du Fonds de solidarité le siège qui lui revenait à titre de président de la FTQ-C. Et cela, évidemment, afin de pousser les dossiers de ses amis, comme Johnny l'avait fait à maintes reprises par le passé pour Tony Accurso.

Je ne dis pas qu'ils faisaient nécessairement quelque chose d'illégal, mais tout indique que les dossiers de Tony ne restaient pas longtemps en bas de la pile. Pour un entrepreneur, un dossier qui avance vite donne accès à des liquidités importantes, qui peuvent faire la différence entre être en mesure de soumissionner pour de nouveaux contrats ou pas. C'est particulièrement vrai pour ceux qui ont plusieurs chantiers de dizaines de millions de dollars en cours : ils ont toujours besoin d'argent frais pour payer leurs employés, leurs fournisseurs, etc.

Alors, pour avoir accès à l'argent du Fonds, il y a des gens qui seraient prêts à tout ; qu'ils soient contracteurs ou dirigeants syndicaux, politiciens ou bandits, ils sont prêts à s'entre-déchirer. À ce propos, j'ai un enregistrement de Robert Laurin, l'avocat de la FTQ-C, qui résume parfaitement ce qui se passait à la centrale : « La guerre de pouvoir entre Jocelyn et Johnny n'a rien à voir avec le mouvement syndical. Ils s'en câlissent ! C'est la chaise qu'ils veulent. Parce que la chaise représente des centaines de millions de dollars... »

Jamais l'idée qu'une « chaise » puisse valoir des centaines de millions ne m'avait effleuré l'esprit avant d'arriver à la FTQ-C. Mais, à force d'entrecouper les informations et de les écouter se chamailler, il m'a fallu me faire à l'idée.

L'un des plus importants membres de la mafia au pays me l'avait confirmé en personne. C'était pour cette raison que Jocelyn Dupuis se démenait comme un diable pour faire sauter Johnny Lavallée.

J'ai bien tenu compte des conseils de Raynald Desjardins avant d'aller le rencontrer à son bureau la semaine suivante pour lui dire exactement ce que je voulais, après avoir bien pesé le pour et le contre :

— Je veux être directeur général de la FTQ-C.

Les bureaux du Groupe Samara étaient à trois coins de rue de la direction régionale des Grues Guay, la compagnie

dirigée par Jean-Marc Baronet où travaillait Louis-Pierre Lafortune, celui-là même qui m'avait proposé au passage, au
cours de cette drôle de période, de lui écrire sur un bout de
papier le nombre de « feuilles » qu'il me faudrait pour que je
lâche enfin l'affaire.

— Le nombre de feuilles ?

— On peut tout de suite t'en donner trois...

— Trois feuilles ?

Il a presque été obligé de me faire de dessin pour que je
comprenne que, dans leur langage codé, une feuille correspondait à 100 000 $.

Honnêtement, je ne me rappelle pas exactement si je lui ai
dit « non merci » ou « non, c'est gentil ». En revanche, je me souviens d'avoir ressenti un drôle de tiraillement dans l'estomac
dans les secondes qui ont suivi. Je venais de refuser 300 000 $
cash alors que mon monde était en train de s'écrouler. J'y
avais fait référence dans ma vidéo.

Toujours est-il que, comme la compagnie de Lafortune,
celle de Raynald Desjardins, Groupe Samara, avait pignon sur
rue à Ville d'Anjou, dans un quartier quadrillé de hangars et
de bâtisses immenses, au cœur de la circonscription de Lise
Thériault, du Parti libéral, aujourd'hui vice-première ministre
du Québec. À l'image de nombreuses zones industrielles de la
province, les difficultés économiques des dernières années
avaient transformé ce quartier d'Anjou en une sorte de no
man's land où les pancartes « À vendre » se battaient contre
les pancartes « À louer ».

Quand je lui ai dit que je voulais être DG, Raynald Desjardins m'a regardé comme si je lui avais demandé de me passer
le sel, alors que je m'attendais plutôt à ce qu'il parte à rire
avant de me demander si je ne voulais pas aussi devenir pape
ou président des États-Unis. Pas du tout. Il m'a répondu simplement, avec le même aplomb qu'il avait eu quand il m'avait
invité à lui demander tout ce que je voulais. Il a dit quelque
chose comme :

— Directeur général? Pas pour le moment. Mais DG adjoint, ça, pourquoi pas?

Comme je n'avais pas vraiment de plan B, le reste de notre
conversation a tourné autour du fait qu'il avait tenu parole:
les gens avaient recommencé à me parler au bureau. Et puis,
je suis reparti. On s'est peut-être revus à trois ou quatre reprises tous les deux. Jamais plus de quelques minutes. Il me
disait, en gros, qu'il fallait vraiment que j'arrête de niaiser.

— Pas tant que Jocelyn continue à parler en mal de moi et
que Richard Goyette continue à prétendre qu'il n'a jamais vu
les factures...

Selon les statuts de la FTQ-C, les élections à la présidence et à
la direction générale étaient prévues pour le printemps 2009.
Mais avec la crise des factures et les démissions surprises de
Jocelyn et de Johnny, on les avait devancées de six mois.
C'était en grande partie pour faire croire aux Québécois que
le fonctionnement de la centrale était démocratique, alors
que les dirigeants de la FTQ-C avaient toujours été élus par
acclamation par le passé, comme dans un *boys club*. Mais là,
Michel Arsenault, à titre de président de la FTQ, avait pris sur
lui d'organiser de *vraies* élections. Pour montrer au gouvernement Charest qu'il y avait un pilote dans l'avion, même si les
tentatives des Hells et de la mafia d'avoir la mainmise sur le
Fonds de solidarité devenaient de plus en plus évidentes.

Des écoutes électroniques de la Sûreté du Québec réalisées avant les élections de novembre 2008 confirment que les
Hells Angels, à travers Jacques «Israël» Émond, en ont in-
fluencé les résultats de façon à permettre au clan de Jocelyn
de triompher. Ces écoutes montrent comment ils ont orches-
tré leur victoire. Selon ce qu'on peut y entendre, Jocelyn
Dupuis serait allé planifier en personne sa succession à la tête
de la FTQ-Construction avec des sympathisants des Hells,
dont Ronnie Beaulieu. Toujours selon ces enregistrements,
Jocelyn souhaitait surtout les rassurer sur le fait que c'était

son adjoint Richard Goyette qui le remplacerait à la direction générale.

— Ça va être pareil comme quand j'étais là.

Ce serait aussi autour de cette période que Jocelyn Dupuis aurait annoncé à Eugène Arsenault, de Ganotec, qu'il s'apprêtait à quitter son poste, mais seulement après avoir provoqué le départ de Jean Lavallée. Jocelyn était, semble-t-il, en possession de documents compromettants qui ne laisseraient aucun autre choix à Johnny que de quitter ses fonctions. Les écoutes nous apprennent aussi que Jocelyn avait déclaré que son adjoint Richard Goyette ne ferait qu'une bouchée de Bernard Girard, le candidat du clan Lavallée, et qu'à moins d'une semaine des élections, Jocelyn avait rencontré Dominic Bérubé, le troisième candidat à la direction générale, en présence de Hells Angels, dont Jacques « Israël » Émond. Pourquoi Jocelyn et ses amis inviteraient-ils Bérubé au restaurant à un moment aussi crucial de la course, alors que personne ou presque à la FTQ-C ne prenait sa candidature au sérieux ? Sa participation risquait-elle de diviser le vote, et donc d'influencer les résultats ? Je ne peux pas le dire, je n'y étais pas. Mais il s'est clairement produit quelque chose ce jour-là, parce que Dominic Bérubé s'est retiré de la course le lendemain afin de soutenir le candidat de Jocelyn...

Aujourd'hui, tout le monde sait que les élections ont été truquées. À commencer par celui qui les a organisées. Michel Arsenault l'a avoué lors de son passage remarqué à la commission Charbonneau, le 27 janvier 2014. (Les extraits ont été un peu revus côté langage.)

Les élections ? C'est un peu la honte... [une preuve] de mon incompétence. Ça me gêne encore d'en parler. De mémoire, il y avait 122 électeurs et l'un d'entre eux avait décidé de ne pas voter. Mais quand j'ai fait le décompte des votes, avec Yves Paré et un autre gars qui avait été nommé scrutateur, on en est tout de même arrivé à un total de 122 votes. Dès que j'ai annoncé

les résultats, un gars s'est levé dans la salle pour dire que c'était
impossible, parce qu'il n'avait pas voté... « Mon Dieu seigneur »,
j'ai pensé. Un clan avait gagné. Et par plus qu'un vote. Mais,
lorsqu'on a recompté, il n'y avait bien que 121 bulletins...

[...] J'ai offert alors aux gars dans la salle de reprendre le
vote. Il y a eu des discussions et puis, après un certain moment,
Jean Lavallée a pris le micro pour dire que ça ne changerait
rien, puisque l'écart entre le gagnant et le perdant était de plus
qu'une voix. De mémoire, je crois que c'était six. Lavallée a en-
suite proposé une motion et, comme tout le monde était d'ac-
cord, j'ai considéré que l'élection était... correcte.

Correcte ? Alors que Richard Goyette (directeur général)
et Yves Mercure (président) avaient battu Bernard Girard et
Roger Poirier en trichant comme des voleurs ? Correcte ?
Alors que la gang à Jocelyn Dupuis venait de tenter de se débarrasser de Johnny Lavallée, le président fondateur de la
FTQ-C, comme d'un malpropre ? Et ça au vu et au su des directeurs et représentants de locaux présents dans la salle ?

J'étais dégoûté. Il faut dire que je ne savais pas encore
que les élections étaient une énorme supercherie depuis le
début, et que Jocelyn et Johnny s'étaient arrangés entre eux
dès septembre pour se partager le gâteau. Dans cette « nuit
des longs couteaux » syndicale, ils s'étaient rencontrés dans
le bureau de Johnny, ils s'étaient saoulés, ils s'étaient copieu-
sement engueulés, et ils s'étaient tombés dans les bras, peut-
être en s'excusant d'avoir été aussi dégueulasses l'un envers
l'autre...

Michel Arsenault a beau prétendre que c'est lui qui les a
forcés à démissionner, ça ne me convainc pas. Non, la vérité,
pour moi, c'est que, mis face à la gravité de la situation et
conscients du fait qu'ils avaient beaucoup à perdre, Jocelyn et
Johnny se sont entendus sur les conditions de leurs démissions et sur la personne qui allait hériter des chaises de Johnny
au Fonds de solidarité et au conseil d'administration de la
SOLIM, le bras immobilier du Fonds.

Dans les faits, il semble bien qu'ils ont fait moitié-moitié sur l'histoire des chaises: la marionnette de Jocelyn serait élue au poste de président de la FTQ-C et aurait *de facto* une place à la table du Fonds, alors que Johnny conserverait son siège à la SOLIM pour une période de six mois. Ce qui expliquerait pourquoi Johnny Lavallée, malgré les preuves évidentes d'irrégularités dans le décompte des bulletins de vote, ne s'est pas battu plus fort le soir des élections.

C'est justement le soir de ces élections maudites que j'ai rencontré Tony Accurso pour la première fois. C'était à l'Onyx, son restaurant-bar à Laval. La FTQ-C venait de se choisir une nouvelle équipe de direction dans l'espoir de faire oublier le scandale des fausses factures de Jocelyn Dupuis.

C'était une soirée bizarre. L'équipe de Bernard Girard avait perdu dans des conditions inacceptables et la centrale apparaissait plus déchirée que jamais. C'est donc avec le moral à zéro qu'on s'est retrouvés pour manger un morceau, boire des bières, et essayer d'accepter le fait que le ciel venait de nous tomber sur la tête.

L'Onyx était une sorte de complexe récréotouristique au décor rococo avec de nombreuses salles privées. Et, dans l'une de ces salles, ce soir-là, il y avait des gars de l'Inter. Tomber sur des membres de mon ancien syndicat, celui qui empêchait mes gars de travailler, était bien la dernière chose à laquelle j'étais préparé. Je ne m'attendais pas non plus à croiser Tony Accurso, le propriétaire des lieux, et moins encore à ce qu'il m'attrape par le cou au passage. Accurso avait l'accolade facile, et il m'a pris de court en me présentant à ses amis de l'Inter en tant que son bon ami Ken... *Ferrera*. OK, les noms Ferrera et Pereira se ressemblent, mais c'était quand même un peu *too much* pour moi.

Pendant que j'avais le bras de Tony Accurso autour des épaules, Jocelyn, selon les écoutes de la Sûreté du Québec, téléphonait à la terre entière. D'abord à Louis-Pierre Lafortune,

son copain des grues Guay, pour lui confirmer la bonne nouvelle. Dans un autre enregistrement de la SQ, on entend
même Lafortune dire à Normand Dubois, un financier des
Hells (accusé depuis de fabrication de fausses factures et
de travail au noir) : « Tous les postes importants de l'industrie
de la construction sont occupés par des gars de la gang à
Jocelyn. »

Jocelyn a ensuite téléphoné à Joe Bertolo, un proche de
Raynald Desjardins. Un rapport de filature policière confirme
aussi que Jocelyn aurait rencontré Bertolo, Desjardins et Guy
Gionet de la SOLIM au restaurant Da Emma, dans le Vieux-
Montréal.

Il paraît même que, comme je l'ai entendu à la Commission, des personnes associées au crime organisé auraient appelé Jocelyn pour le féliciter et lui dire que c'était vraiment le
désistement de Dominic Bérubé qui avait fait la différence.
En d'autres mots, la bande à Jocelyn frétillait de joie d'avoir
mis fin aux 25 ans de règne de Jean Lavallée. Je les imaginais
un peu comme des joueurs de hockey qui rentrent aux ves-
tiaires après avoir remporté une finale en temps supplémen-
taire. Je me les représentais en train de hurler et de se verser
du champagne sur la tête.

À travers toutes ces manifestations de joie, Rénald Grondin, l'un des vice-présidents du comité exécutif de la FTQ-C, a
même dit à son « ami » Jacques « Israël » Émond, membre
bien connu des Hells, qu'il lui en devait toute une, comme on
l'a entendu en enregistrement à la CEIC.

La bande à Jocelyn avait donc réussi son coup. Elle avait
semé à tout vent sur le terreau fertile de la construction et se
préparait maintenant à engranger de belles récoltes. Michel
Arsenault est l'un des premiers à l'avoir reconnu lors de son
passage à la Commission.

Dans une conversation avec son attaché politique enre-
gistrée à leur insu, les deux hommes évoquaient le fait que
Richard Goyette, le nouveau DG, aurait demandé la permission

à Raynald Desjardins de se présenter aux élections. Explications d'Arsenault devant la CEIC:

[...] *C'est pas si clair que vous le dites. Moi ce que j'ai dit à Audette,* [c'est que] *soit il* [était] *en train de dire au crime organisé «moi, là, je mets de l'ordre dans' cabane»,* [soit il était] *en train de leur demander la permission.*

Quand je pense à tous les enregistrements qui circulent, à toutes les preuves qui existent, je me dis qu'il serait facile de déculotter tous les menteurs, tricheurs et autres complices silencieux d'un système indigne. Et je ne parle même pas des enregistrements que j'ai réalisés moi-même et remis à la FTQ-C, à la police, aux médias et à je ne sais combien de ministres et d'attachés politiques.

À commencer par François-William Simard, l'attaché politique de Lise Thériault, l'actuelle vice-première ministre et la ministre de la Sécurité publique, qui était ministre du Travail à l'époque. J'ai rencontré Simard à plusieurs reprises, notamment au bureau de sa patronne, à qui j'avais raconté les grandes lignes de mon histoire et résumé le contenu explosif de mes CD.

Et puis, du jour au lendemain, plus rien. Silence radio. Comme je ne suis pas du genre à baisser les bras, j'avais cherché à joindre François-William Simard pendant des mois pour lui remettre les preuves irréfutables que j'avais en ma possession. Je voulais que la ministre entende les propos incriminants que j'avais recueillis, parce qu'ils démontraient incontestablement l'existence de la collusion et de la discrimination dans le milieu de la construction.

Mais Simard ne m'avait jamais rappelé. Jusqu'à ce soir où, tard, il m'a téléphoné pour me demander de lui apporter de toute urgence des copies de mes enregistrements.

— Euh! Ça pourrait attendre à demain, non? Ça fait des mois que je te cours après...

Je ne me souviens pas exactement ce qu'il m'a répondu, mais en gros, il s'est excusé.

— Je pensais souvent à toi, mais j'étais dans le jus. C'est vraiment urgent. J'ai besoin des CD maintenant.

— Tu es où?

— Au centre-ville. Je pars pour Québec.

— Tu prends l'autoroute 40 ?

— Oui.

Je lui ai donné rendez-vous dans le stationnement d'un McDonald's sur la rue Sherbrooke, dans l'est de Montréal. Il était environ minuit quand nos voitures se sont croisées au pied de l'enseigne du plus gros vendeur de burgers au monde. On a baissé nos fenêtres et je lui ai tendu le paquet de CD.

Ça ressemblait à un deal de dope. Sérieux. Pourquoi l'attaché politique de la ministre du Travail voulait-il récupérer en catastrophe mes enregistrements? Sa patronne en connaissait l'existence depuis des mois. Pourquoi cette urgence soudaine?

Une hypothèse est que Lise Thériault faisait un calcul politique. Auteure du projet de loi 33, dont l'objectif était d'éliminer le placement syndical et d'améliorer le fonctionnement de l'industrie de la construction, elle tenait à tout prix à le faire adopter. C'était l'occasion d'inscrire son nom dans l'histoire et de se faire du capital politique sur le dos des syndicats. Parce qu'une seule lecture suffit pour comprendre que son projet de loi 33 avait été rédigé pour donner plus de flexibilité aux contracteurs à l'embauche, et non pas pour rendre le placement plus favorable aux ouvriers.

Je ne sais pas si c'est la ministre Thériault qui a envoyé Simard récupérer mes CD, ou s'il a agi de son propre chef. Mais je vois bien que c'était un moyen en or de faire d'une pierre deux coups: enfoncer son projet de loi dans la gorge de Michel Arsenault, et donner un œil au beurre noir aux syndicats.

Ce qui est sûr, c'est qu'en commission parlementaire sur le projet de loi 33, en octobre 2011, la ministre était en forme.

Arsenault s'était rendu à Québec avec Yves Ouellet et une délégation de la FTQ pour défendre la position de la centrale sur la loi que proposait la ministre du Travail. Sur papier, la mission était simple : faire entendre les arguments de la FTQ-C et expliquer pourquoi elle était contre une loi qui changerait tout dans le placement syndical. Lise Thériault avait taillé Michel Arsenault en pièces. C'est délicat de revenir sur ces journées, parce que je ne sais toujours pas le rôle exact qu'ont pu jouer les CD que j'avais remis à son attaché politique dans le parking du McDonald's. Par moments, il m'arrive de penser que mes enregistrements ont peut-être permis à la ministre de donner le coup de grâce à l'attitude hautaine de Michel Arsenault. Il aurait suffi de les faire entendre au président de la FTQ pour qu'il réalise que son chien était mort. Il reste que la commission parlementaire, tout comme la commission Charbonneau, a préféré ne pas les faire entendre au public.

Aujourd'hui, François-William Simard Travaille à la CCQ, ce qui est assez ironique pour moi.

À l'Onyx, le soir des élections, Tony Accurso m'a dit qu'il aimerait me revoir. « Pour parler. » J'avais beau être encore sous le choc de la défaite, je restais lucide. Personne encore ne savait comment allait se passer la transition. Ni à quoi ressemblerait la nouvelle FTQ-C.

— Avec plaisir, Tony...

On a échangé nos numéros de téléphone, et puis je suis rentré à la maison. J'étais « fru », comme les jeunes disent. J'avais le moral à zéro et la tête vide. Tellement qu'il m'a fallu freiner d'un coup sec pour éviter de passer sur une lumière rouge. En revanche, j'avais repéré le bout de mon *bat* de base-ball, qui avait glissé de sous le siège passager. Je me suis dit que je devais faire un peu plus attention. Parce que si je n'étais même plus en mesure de voir les feux rouges, je ne risquais pas de voir venir le reste...

Au départ, j'avais eu l'impression que Tony voulait rester en contact pour les mêmes raisons que moi. Personne ne pouvait prévoir ce que serait la FTQ-C de Richard Goyette et d'Yves Mercure. Ils avaient beau avoir été les pantins de Jocelyn Dupuis, les hommes changent quand ils deviennent numéro un. Il suffit de regarder le parcours de Jocelyn qui, après avoir été le protégé de Jean Lavallée, avait voulu devenir calife à la place du calife.

En homme d'affaires avisé, Tony ne voulait pas prendre le risque de froisser qui que ce soit. Dans le cas où son copain Johnny reprenait la présidence après je ne sais trop quel rebondissement, par exemple, ou dans celui où Bernard Girard ou un autre gagnait soudainement en influence. Il voulait peut-être aussi me ménager, afin de ne pas me retrouver sur son chemin un jour. Parce qu'il était au courant de mes démarches auprès des contracteurs. Il savait aussi que je les avais presque tous enregistrés et que j'étais prêt à tout pour que mes gars retrouvent le droit de travailler au Québec.

Tony Accurso a ce talent propre à ceux qui savent faire fructifier leur entreprise : il sait reconnaître très vite les forces des gens qui peuvent l'aider à parvenir à ses fins et surtout, il sait exploiter leurs faiblesses. Un bon client aime un peu trop le vin ? Il y aura toujours de bonnes bouteilles sur sa table. Un conseiller municipal impliqué dans des modifications de zonage adore les belles femmes ? On l'en entourera. Un syndicaliste rêve de sillonner la mer des Caraïbes sur un yacht de luxe ? Larguez les amarres !

Après les élections, j'avais le choix entre continuer mon combat ou baisser les bras et rentrer dans le rang... ce qui était inconcevable pour moi. Alors, quelques jours à peine après sa victoire, j'ai pris mon courage à deux mains et je suis allé voir Richard Goyette, mon nouveau directeur général, pour lui demander si mon local allait pouvoir relancer ses démarches contre les contracteurs qui faisaient de la discrimination

contre mes gars. Je ne me souviens plus trop si c'est avant ou
après cette rencontre que je lui ai remis une copie de la vidéo
que j'avais tournée dans mon sous-sol. Je crois que c'était
dans un ascenseur, mais peu importe, parce que sa réaction,
elle, est inoubliable :

— Ken, je suis désolé, mais les gars qui auraient pu t'aider
ont perdu les élections. Dis-moi pourquoi je t'aiderais, quand
tu n'as pas arrêté de parler en mal de moi ?

J'ai pris un air indigné.

— Mais on était en élections ! Tout le monde parle en mal
de tout le monde pendant des élections. Ça fait partie du jeu.
Comme dit Michel Arsenault, il ne faut jamais prendre ce
genre de choses de façon personnelle...

Je me souviens d'avoir fixé sa moustache avant d'aller au
fond de ma pensée :

— Qu'est-ce que tu comptes faire avec les fausses factures
de Jocelyn ?

— Je ne les ai jamais vues. Je ne faisais pas partie de l'exécutif de la FTQ-C.

Ça n'était pas impossible, puisque, à titre de directeur général adjoint, il ne siégeait pas au conseil. Mais de là à dire
qu'il n'était pas au courant de leur existence... D'autant que
son nom était inscrit au dos de plusieurs des reçus.

Avec l'arrogance de ceux qui viennent de monter sur le
trône, il a mis un terme à la conversation.

— Je ne me mêlerai pas de cette histoire, Ken. Dans les
faits, c'était aux membres de l'ancien exécutif de faire leur
travail. Sauf qu'ils ne l'ont pas fait. Moi, je ne peux plus rien
pour toi.

À partir ce moment-là, j'ai compris que les choses allaient de
nouveau être difficiles à la centrale. Je savais que je ne pouvais plus compter sur personne. Tout le monde ne cherchait
plus qu'à sauver ses fesses ou à placer ses jetons. D'un côté, il
y avait ceux qui avaient soutenu Jocelyn et qui espéraient être

récompensés pour leur loyauté, et de l'autre, ceux qui avaient misé sur la mauvaise équipe, et qui tenaient à démontrer qu'ils pouvaient être utiles à la centrale. Je pense à Bernard Girard, dont j'avais activement soutenu la candidature et qui, pour des raisons personnelles, avait été plus ou moins contraint à rentrer dans le rang. C'était une bonne chose pour la FTQ-C, parce que Girard est un négociateur de grand talent. J'en avais eu un bel exemple, un peu par hasard, pendant la campagne électorale. On était en voiture, juste tous les deux. On rentrait, je pense, d'une réunion à Gatineau. En cours de route, il a passé un coup de fil à Michel Arsenault. J'avais beau ne pas vouloir écouter leur conversation, j'étais assis juste à côté de Girard, alors j'entendais tout. Bernard avait des problèmes personnels et il avait besoin d'argent, environ trente mille dollars. Il voulait savoir si Arsenault pouvait l'aider à piger dans ses REER du Fonds de solidarité sans qu'il ait à payer de pénalités. Je l'ai écouté plaider sa cause. Je n'ai pas entendu la réponse de Michel, mais avant même qu'on arrive à destination, il a rappelé Bernard : l'affaire était dans le sac.

À partir du moment où le scandale des fausses factures a éclaté au grand jour, Michel Arsenault a toujours cherché à minimiser l'influence qu'il avait sur le Fonds de solidarité. À l'écouter, il n'était qu'un pion parmi d'autres. Une simple voix dans une chorale d'enfants de chœur. En tout cas, il avait assez d'influence pour permettre à l'un de ses vice-présidents de retirer de l'argent de ses REER du Fonds sans payer de pénalités.

Pendant que tout le monde courait dans tous les sens pour forger les bonnes alliances, moi, je faisais du surplace. J'étais clairement redevenu l'ennemi numéro un. Si les semaines qui ont suivi les élections étaient un avant-goût de ce qui m'attendait dans les quatre prochaines années, le moment était venu de me demander si le jeu en valait la chandelle. Est-ce que je voulais vraiment vivre quatre autres années d'enfer en attendant les élections suivantes? Pas question! C'est pourquoi je me suis retroussé les manches. Je voulais que les travailleurs du Québec se réveillent une bonne fois pour toutes. Je voulais que tous les membres de la centrale sachent que les dernières élections avaient été truquées et que la FTQ-C était dirigée par une bande de tricheurs.

Je ne savais pas que les dirigeants de la FTQ-C étaient déjà sur écoute à l'époque. Encore aujourd'hui, je ne suis pas en mesure de dire quelles étaient les cibles précises des forces de l'ordre, ni les intentions exactes de ces dernières. Mais pendant que la police espionnait ceux qui étaient liés de près ou de loin avec le pouvoir, la construction et le crime organisé, je continuais aussi à enregistrer pas mal de monde.

Chapitre XIII

Et puis un jour, deux policiers en civil m'ont intercepté pour me faire monter dans leur camionnette banalisée. Une Ford Windstar, je crois. Ils ont arrêté le véhicule devant le mien et en sont descendus pour se présenter. Ils étaient parfaitement calmes. J'ai pensé qu'ils se trompaient de personne, sans plus. Ils ont commencé à me parler de choses et d'autres, un peu comme les douaniers quand ils cherchent à vous coincer. Je me souviens de les avoir examinés de la tête aux pieds. Je voulais m'assurer qu'ils étaient vraiment policiers avant d'accepter de les suivre dans leur camionnette. Ils m'ont montré leurs badges. Ils étaient enquêteurs à la Sûreté du Québec, spécialisés dans les enquêtes sur le crime organisé : blanchiment d'argent, drogue, etc. Je ne peux pas dire que ça m'avait vraiment rassuré.

Je ne sais plus si c'était en décembre 2008 ou janvier 2009, mais c'était pendant le grand tourbillon. Quelque part entre les élections truquées, ma rencontre avec Tony Accurso, l'arrivée de Richard Goyette à la tête de la FTQ-C, le montage de la vidéo réalisé avec Marc, les rumeurs venimeuses que Jocelyn s'entêtait à répandre sur moi, mes rencontres avec Raynald Desjardins, ma nouvelle disgrâce au bureau et mes ultimes hésitations à aller tout déballer aux médias. Dur hiver.

C'est à partir de cet épisode que mon monde s'est vraiment mis à tanguer. La scène m'est restée. J'étais à bord d'une minivan avec deux gars de la SQ et je ne savais pas trop à quoi m'en tenir. Je n'avais pas peur, mais mes tempes bourdonnaient. Je regardais par la fenêtre pour avoir une idée d'où ils m'emmenaient, mais la vie à l'extérieur m'apparaissait floue, comme dans un film au ralenti. Et puis nous sommes arrivés à ce petit motel de Rivière-des-Prairies où ils ont voulu me tirer les vers du nez.

Oui, un motel. Comme dans un mauvais film.

Ce n'est pas toujours évident d'avoir un profil de gros nounours un peu malhabile, mais ça a l'avantage de laisser un peu plus de temps pour réfléchir avant de répondre quand tu te fais mitrailler de questions par deux policiers de la Sûreté du Québec. Le sergent Benoît Dubé n'avait pas l'air de bien saisir qui j'étais. Il m'a parlé de l'étrangeté de ma *run* de lait et de tous ces gens que je rencontrais. Ma *run* de lait ? Hein ! La SQ m'espionne ?

— J'essaye de comprendre pourquoi ton nom revient à tout bout de champ sur nos écoutes électroniques...

Le nounours en moi n'a pas pu s'empêcher de répéter après lui :

— Vos écoutes électroniques ?

Une des choses qui me tapent le plus sur les nerfs, c'est de me retrouver face à quelqu'un qui est tellement coincé dans son rôle qu'il est incapable de se mettre à ta place. Si c'est normal pour un enquêteur d'embarquer un gars de la construction et de l'emmener dans un motel pour l'interroger, il devrait au moins se douter que les réponses ne lui viendraient pas sans un minimum d'effort.

Dubé m'a aussi annoncé que je venais de « passer des ligues mineures aux ligues majeures ». Je n'étais pas vraiment sûr de comprendre de quoi il parlait.

— Il va d'abord falloir m'expliquer c'est quoi, les « ligues majeures ».

Les pièces du puzzle étaient faciles à assembler, en fait. J'ai vite compris qu'ils enquêtaient sur les bandits qui, à travers la FTQ-C, cherchaient à blanchir de l'argent ou à avoir accès à l'argent du Fonds de solidarité. C'est alors que le sergent Dubé m'a averti solennellement. Il ne savait pas qui j'étais deux minutes avant, et là, il me disait ça :

— Ta vie est en danger.

Personne ne peut entendre ça sans en être ébranlé. Après un moment, ils ont cherché à me convaincre que la meilleure chose pour moi, la solution la plus sûre pour ma famille, c'était de devenir indicateur dans le cadre d'une opération de protection de témoin. Un délateur, moi ? Et puis, Dubé a dit quelque chose comme :

— Tu serais relocalisé avec ta famille en toute sécurité...

Tous les muscles de mon corps se sont tendus.

— Non.

Le simple fait de le dire à haute voix m'a apaisé.

— C'est pas moi, ça.

Ils m'ont parlé de mon brunch au Hilton et des habitudes alimentaires de certains hauts dirigeants de la FTQ-C qui allaient souvent au restaurant à minuit. Ils m'ont expliqué que plusieurs d'entre eux étaient sur écoute depuis un bon moment. Il y a eu un silence juste assez long pour que j'aie le temps de me remettre les idées en place.

— Mais, si ma vie est en danger, les gars, pourquoi vous n'allez pas les arrêter ? Surtout si vous les avez sur écoute...

On aurait pu entendre une mouche voler. Ils m'ont expliqué qu'ils allaient me suivre.

— Me suivre ? Dans quel sens ?

— Tu vas nous donner ton horaire quotidien. L'heure à laquelle tu pars de chez toi le matin et l'heure à laquelle tu reviens. Tu vas nous faire la liste des personnes que tu as rencontrées au cours de ta journée. Tu vas être suivi par des policiers en civil. Des voitures fantômes vont surveiller ta maison. On va te protéger...

J'ai pris mon temps pour être le plus clair possible avec eux. Je voulais qu'ils comprennent que je n'accepterais pas de devenir une sorte de taupe. Je tenais à ce qu'ils comprennent que je ne serai jamais leur « guédaille », même si, quand Dubé m'a dit que ma vie était en danger, j'ai ressenti quelque chose d'étrange en moi. Un sentiment que je n'avais jamais connu. Je savais bien que je faisais face à un stress énorme, mais là, pour la première fois, je me suis demandé comment tout ça allait finir. Et je n'ai pas du tout aimé la première image qui m'est venue à l'esprit...

— Je vis quelque chose de très lourd en ce moment. La situation se détériore de jour en jour simplement parce que je refuse de céder à leur intimidation. C'est de plus en plus difficile à supporter. D'un côté, Richard Goyette menace ouvertement de m'expulser de la FTQ-C, et de l'autre, Jocelyn Dupuis crie sur tous les toits que je dis que c'est moi qui ai fait sauter le bunker des Hells à Sorel. Et là, vous me dites que ma vie est en danger... Ça commence à faire beaucoup.

Je ne sais pas si les inspecteurs de la SQ sont entraînés à cacher leurs émotions, mais je me serais attendu à un minimum de compassion. Aujourd'hui encore, je me souviens de leur expression impassible. J'ai reposé la question.

— Pourquoi n'allez-vous pas arrêter les personnes qui, selon vous, me menacent ?

Ils n'ont pas répondu. Ils m'ont gardé dans leur motel pendant une heure ou deux, et après, ils ne sont pas partis arrêter ceux qui risquaient de me faire la peau. Ils m'ont juste ramené à ma voiture.

Quand je me suis installé derrière le volant, avant même de tourner la clef, je me suis mis à trembler. Les nerfs me lâchaient. Je me sentais dans un brouillard confus où la réalité ne pouvait que virer au cauchemar. J'ai commencé à me parler à voix haute pour ne pas partir dans un mauvais *spin*. Mais, à chaque affirmation positive que je prononçais pour me rassurer, mon cerveau me renvoyait l'image contraire.

— Ils ont dit qu'ils allaient te protéger...

Des Hells ou de la Mafia?

— Il faut faire confiance à la police...

Quand ils n'ont même pas voulu me dire qui me menaçait de mort?

J'ai téléphoné à Michel Arsenault pour prendre rendez-vous. Il a accepté aussitôt. Contrairement aux autres fois où j'étais allé le rencontrer dans son bureau, au 14e étage de la tour de la FTQ, ce jour-là, je ne sais pas trop pourquoi, il avait décidé de prendre ses grands airs. Est-ce qu'il cherchait à impressionner Gilles Audette, son attaché politique, qui était dans la pièce avec nous? En tout cas, ça n'a fait que m'énerver encore plus.

— Ken. Qu'est-ce que je peux faire pour toi?

— Ma vie est en danger.

Et là, je leur ai tout raconté d'un trait: les policiers, le motel, les écoutes téléphoniques, le Hilton, Raynald Desjardins, les menaces de mort, les dérapes de Jocelyn...

Arsenault était assis face à moi, et Audette, à ma droite. J'ai remis la carte d'affaires du sergent Dubé de la Sûreté du Québec au président de la FTQ. Il l'a regardée rapidement pendant que je lui demandais comment la centrale pouvait m'aider à me protéger. J'étais en danger de mort selon la SQ et, malgré nos chicanes internes, je faisais encore partie de la grande famille de la FTQ.

Je lui ai rappelé que tout le monde à la FTQ-C savait que j'étais en contact avec Raynald Desjardins. Ils étaient aussi au courant des manœuvres d'intimidation d'Eddy Brandone et de Guy Martin, qui nous avaient fait venir à minuit, Bernard Girard et moi, dans un café italien de Saint-Léornard pour nous intimider (je reviendrai sur cet épisode).

J'ai dit à Arsenault qu'il y avait toute une différence entre une tentative d'intimidation pour étouffer un scandale et des menaces de mort. Il s'est reculé dans son fauteuil et il a mis les pieds sur son bureau. Juste avant de répondre, il a fait glisser sa langue sur ses lèvres, comme il le fait souvent.

— Mais là, Ken, si tu es dans la drogue, mon homme, je peux rien pour toi...

L'enfant de chienne. Comment réagir à une telle trahison? Mon premier réflexe aurait été de lui lancer au visage toutes les injures que je connaissais, dans trois langues. Mais j'ai préféré lui faire une promesse à la place, juste avant de quitter la pièce:

— Vous allez me le payer cher, mes tabarnaks!

Après cette rencontre avec Arsenault, je suis allé voir Raynald Desjardins pour lui annoncer d'homme à homme que je ne pouvais plus respecter notre entente: il était hors de question que j'étouffe les histoires de factures. Pas tant que le nouveau DG de la FTQ-C continuerait à me jeter aux loups. Pas tant que la police continuerait à dire que ma vie était en danger. Pas tant que Jocelyn continuerait à faire le clown.

Mais avant d'aller m'asseoir devant Desjardins, avant de pousser la porte de son bureau pour lui dire que je n'en pouvais plus, j'ai parlé à Alain Gravel, l'animateur de l'émission *Enquête.*

À partir du moment où j'avais décidé de collaborer avec les journalistes, j'étais conscient que les règles de jeu changeraient. *Adios!* mes derniers espoirs de régler les abus de confiance de Jocelyn à l'interne. *Bye-bye!* la solidarité syndicale. Fini les gants blancs.

Bring it on...

Trois ans après m'être fait accuser de haute trahison par l'Inter parce que j'avais osé faire le transfert à la centrale ennemie, les hauts dirigeants de la FTQ-C allaient à leur tour me traiter de tous les noms.

Mais avant de m'embarquer dans le grand cirque médiatique, je tenais à m'assurer que tous les directeurs des locaux affiliés à la FTQ-C avaient reçu une copie de ma vidéo. Je voulais qu'ils comprennent que si j'en étais arrivé à exposer au grand jour les fraudes de Jocelyn Dupuis, c'était parce que leur centrale avait choisi de s'en laver les mains plutôt que de faire le ménage. J'avais même l'espoir que certains se lèvent enfin pour dire stop. Je pensais qu'il restait encore quelques vrais syndicalistes dans la tour de la FTQ. Pas ces syndiqués qui s'attendent à ce que tout leur tombe du ciel. Pas ces militants du dimanche qui ne revendiquent que durant leur pause café ou quand ils s'en font pour leur retraite. Non, je parle de ceux qui ont encore la foi, qui saisissent l'importance des syndicats dans la société d'aujourd'hui. En dépit des nombreux reculs auxquels le mouvement a été confronté au cours des dernières années et malgré le fait que l'idéologie dominante au Québec martèle sans cesse l'idée que les travailleurs ne sont plus des êtres humains qui contribuent à la santé économique du pays, mais des postes de dépenses à réduire pour ne pas nuire aux profits des actionnaires...

Personne ne s'est levé. Par peur ou par mollesse, aucun responsable n'est venu frapper à ma porte ou me tendre la main.

J'avais aussi envoyé la vidéo à Richard Goyette et compagnie. La nouvelle équipe cherchait à noyer le poisson, criant sur tous les toits que j'avais perdu la tête. Goyette et ses acolytes soutenaient qu'il ne s'agissait que d'une poignée de factures – il est vrai, un peu trop salées – et qu'il n'y avait pas de quoi fouetter un chat. Et puis, Jocelyn était parti et la nouvelle direction s'était engagée à mettre des mesures de contrôle en place et à garder l'œil ouvert. C'était la version officielle, celle qu'ils cherchaient à faire avaler aux membres et aux médias.

La bande à Goyette jouait donc les vierges offensées qui ne comprenaient pas pourquoi Radio-Canada s'intéressait à ce qui n'était somme toute qu'une tempête dans un verre d'eau. Encore une fois, le bon jugement des dirigeants de la FTQ-C allait être mis à l'épreuve. Pas malins pour deux cennes, ils n'ont même pas imaginé l'impact d'une émission comme *Enquête*. Comment pouvaient-ils être si lents du cerveau?

Comment ne pas savoir que cette émission était souvent regardée par plus d'un million de téléspectateurs ? Pensaient-ils vraiment qu'ils se faufileraient entre les gouttes de cette tempête médiatique ? Prenaient-ils les Québécois pour des cruches ?

Comme prévu, le reportage d'*Enquête* a sérieusement éclaboussé la centrale. Confrontés à la tempête journalistique, les hauts dirigeants de la FTQ-C ont immédiatement cherché à quitter le navire. Ils couraient dans tous les sens, se contredisaient, s'entre-déchiraient, mais comme ils étaient tous trempés jusqu'aux oreilles, ils se sont finalement réfugiés dans le mensonge.

Ça n'était pas joli à voir.

Michel Arsenault m'avait expliqué sa vision de la situation un jour, alors qu'on marchait rue Lajeunesse dans les environs de la tour de la FTQ, où il m'avait demandé de le rejoindre discrètement parce qu'il ne voulait plus prendre le risque d'être vu en ma compagnie. Il avait sorti les violons :

— Il y a plus de six cents personnes qui travaillent dans cette tour...

— Et... ?

— Et moi, c'est ma job de tout faire pour sauver la centrale.

— Rien de tout ça ne serait arrivé si vous aviez mis vos culottes et jeté Jocelyn dehors.

— Arrête de t'en faire avec Jocelyn ! Je marche le dos rond jusqu'à ce que les affaires se calment, mais tu verras après, il n'est pas éternel, Jocelyn. Il va finir par se faire rattraper par ses histoires.

Qu'est-ce que je pouvais lui répondre ?

Le reportage d'*Enquête* auquel j'avais participé avait démasqué les dirigeants de la FTQ-C. Ils avaient l'air d'une bande d'arrivistes grossiers et ils disaient que j'avais porté atteinte à leur réputation et à celle de la FTQ, ce qui n'était pas faux.

Mais ternir l'image de la plus grosse centrale syndicale québécoise, c'était surtout remettre en question l'intégrité et la gouvernance du Fonds de solidarité. Puisque c'était les milliards du Fonds qui faisaient courir le monde, il était clair que les répercussions de la tempête que j'avais provoquée seraient sévères.

Ils se sont donc creusé la tête pour trouver le meilleur moyen de m'expulser. Et puis, un jour, ils ont dévoilé leur grand plan : sous prétexte que la comptabilité de mon local était mal tenue, ils ont saisi tous mes livres. Ensuite, ils m'ont coupé – illégalement – l'accès à mon bureau et fait courir la rumeur que mes comptes étaient louches, afin que la Commission de la construction du Québec (CCQ), chargée d'encadrer l'industrie, s'intéresse à mon cas. C'était complètement ridicule. Non seulement leur plan ressemblait étrangement au coup que j'avais fait à Jocelyn, mais en plus, c'était la FTQ-C qui était chargée de vérifier ma comptabilité. C'était grossier, mais ils l'ont fait : confisquer ma comptabilité pour m'accuser de ne pas avoir tenu correctement mes états financiers.

Je les ai longuement regardés quand ils m'ont annoncé qu'ils allaient devoir m'expulser si je ne leur présentais pas mes rapports financiers. Ils avaient l'air tellement fiers de leur coup que je n'ai pas pu m'empêcher de penser aux frères Dalton, dans Lucky Luke.

— Vous voulez vraiment jouer à ce jeu-là ?

Ils étaient convaincus d'avoir gagné, mais la bataille ne faisait que commencer. Ma riposte ne s'est pas fait attendre. Je suis allé voir Johnny Lavallée. Il n'était peut-être plus président, mais il avait encore le pouvoir de décrocher son téléphone et de leur dire de calmer leurs ardeurs.

Surtout qu'avec tout ce que je savais sur eux... À partir du moment où je voyais qu'ils ne se gênaient pas pour se faire chanter entre eux, je n'avais aucune raison de ne pas faire pareil. Pas après avoir perdu les deux dernières années de ma vie à essayer de les réveiller.

— Je vais te dire une chose, Johnny. S'ils veulent que je parte, la meilleure chose à faire, c'est de les convaincre de régler à l'amiable.

Pendant que je jonglais sérieusement avec l'idée d'envoyer une mise en demeure à la FTQ-C et de leur réclamer plusieurs centaines de milliers de dollars à titre de dommages pour mes gars et moi, j'étais suivi par l'équipe de Benoît Dubé. C'était bizarre. Je les voyais surtout de loin. Comme s'ils habitaient à l'intérieur du rétroviseur de ma voiture. Ils me suivaient partout ou presque. Toute la semaine, mais jamais les week-ends. À croire que ceux qui me voulaient du mal prenaient congé les samedis et les dimanches. Est-ce pour cette raison que ma relation avec le sergent Dubé s'est dégradée au fil des mois? À moins que ce ne soit parce qu'il avait annoncé à ma femme que ma vie était en danger avant que j'aie eu la chance de la prévenir? Ou parce qu'il m'avait téléphoné un jour en me hurlant d'arrêter de mener la vie dure à Jocelyn Dupuis, mais sans prendre la peine de m'expliquer pourquoi? Ce qui est sûr, c'est que j'en avais assez de l'avoir à mes trousses.

CHAPITRE XIV

Après la diffusion du reportage d'*Enquête*, mon téléphone n'a pas arrêté de sonner. Le *Journal de Montréal, La Presse, Le Devoir*, la *Gazette*, Paul Arcand, Éric Duhaime, Jean-Luc Mongrain, TVA, RDI, CBC, CTV, Global. Ils voulaient tous me parler. En exclusivité, de préférence. Pour avoir des scoops et encore des scoops, les plus spectaculaires possible. Ils voulaient tout savoir des liens de Jocelyn avec le crime organisé. Ils voulaient que je leur répète que la FTQ était corrompue de la tête aux pieds et que la tour du boulevard Crémazie était infestée de bandits.

Je comprenais bien leur engouement pour l'histoire des factures, mais ce n'était pas une raison pour ne plus parler de mes gars, qui n'avaient toujours pas le droit de travailler au Québec. Sauf que la collusion et le placement syndical n'intéressaient plus vraiment les journalistes. C'est pourquoi il m'a vite fallu apprendre à négocier. Pour ce faire, je devais comprendre leur *game*, et accepter que la plupart des journalistes sont comme ces clients d'hôtels tout inclus qui se jettent sur le buffet. Pour avoir passé beaucoup de temps en Alberta, je serais tenté de faire un parallèle entre les journalistes qui se lancent sur vous quand ils flairent le scoop et un *stampede*. J'en ai vu des vertes et des pas mûres à partir du jour où Radio-Canada a sorti la nouvelle. En termes de professionnalisme journalistique, notamment, et de l'arrogance que la puissance des empires médiatiques confère à certains...

D'un autre côté, j'étais bien conscient que les nombreuses histoires dérivées du reportage d'*Enquête* étaient assez juteuses. Si j'avais à faire le décompte des anecdotes que j'ai refilées aux médias au cours de cette période, je dirais qu'il y en a facilement eu une bonne cinquantaine. Et si j'avais à lever mon chapeau à quelqu'un, ce serait certainement à l'équipe d'*Enquête*. Pour leur rigueur et leur audace, et pour avoir cru à mon histoire qui n'était pas la plus simple à déchiffrer ni à raconter. Quand je repense aux heures que j'ai passées en leur compagnie, c'est toujours la même anecdote qui me revient à l'esprit. La journaliste Marie-Maude Denis m'a mis au défi:

— Demande-moi le nom de n'importe quel dirigeant de la FTQ-C.

Je l'ai regardé comme si l'on était à la petite école.

— Les membres du comité exécutif ou les directeurs de locaux?

Elle m'a lancé un œil noir, l'air de dire d'arrêter de la niaiser.

— Envoye, demande...

— OK. Qui est le directeur du local 791?

— Bernard Girard.

— Celui du Syndicat interprovincial des ferblantiers et couvreurs?

— Alain Pigeon.

— Quel est le nom du secrétaire financier?

— Eddy Brandone.

— Et celui du directeur de la section locale numéro 9?

— Yves Mercure. Il dirige la Fraternité nationale des charpentiers-menuisiers.

— Quel est le numéro du local de la Fraternité nationale des poseurs de systèmes intérieurs, revêtements souples et parqueteurs sableurs?

— Le 2366...

Je n'ai pas pu m'empêcher de lui sourire. Une vraie première de classe.

— Tu as bien fait tes devoirs...

Je l'ai tout de suite bien aimée. Pour son entrain et sa rigueur. Pour sa vivacité d'esprit et son acharnement à savoir l'orthographe exacte du nom de ses sujets. Ça me changeait de ce que je lisais souvent dans les journaux. Ce que Marie-Maude ne savait pas, c'est qu'elle avait déjà un surnom dans le monde de la construction : « la petite tabarnak ». Peu importe qui elle cherchait à joindre, elle provoquait à chaque fois la même réaction. Jocelyn Dupuis : « Mais qu'est-ce qu'elle peut bien me vouloir, la petite tabarnak de Radio-Canada ? » Michel Arsenault : « Veux-tu ben me dire où elle veut s'en aller avec cette histoire-là, la petite tabarnak ? » Tony Accurso : « *What's wrong with that fucking little tabarnak ?* »

Je les ai tous entendus grogner ce juron en parlant d'elle. Et puis, quand ils parlaient d'Alain Gravel, l'animateur de la même émission, ils disaient tous « le câlisse ». Mes deux contacts à Radio-Canada au début du scandale étaient donc *le câlisse* et *la petite tabarnak.*

Après *Enquête*, j'ai donc eu droit au meilleur et au pire avec la presse. Le choc a été assez violent pour m'obliger à trier mes interlocuteurs. À choisir parfois entre des grandes gueules et des journalistes plus méticuleux, mais qui rejoignent moins de monde. Mon premier réflexe a été de privilégier les journalistes de *Rue Frontenac*, par solidarité syndicale. Ce site internet avait été créé par les employés syndiqués CSN du *Journal de Montréal* qui avaient été mis en lock-out en janvier 2009. À en croire leur patron Pierre Karl Péladeau, leurs conditions de travail, pourtant inscrites dans une convention collective ratifiée par les deux parties, devaient être revues à la baisse pour le bien de l'entreprise. On connaît la chanson : ils avaient connu les belles années et ils en avaient bien profité, mais le monde avait changé et il était temps qu'ils redescendent sur terre. Donc, les syndicats devaient accepter les nouvelles réalités de la mondialisation pendant que le fameux 1 % qui contrôle tout continuait à s'en mettre plein les poches ?

À *Rue Frontenac*, j'étais notamment en relation avec les journalistes Yvon Laprade, Vincent Larouche et Fabrice de Pierrebourg. Je m'entendais bien aussi avec André Noël et Patrick Lagacé de *La Presse*, par exemple. Ce dernier s'était d'ailleurs montré très généreux à mon égard, surtout dans son blogue, où il ne se gênait pas pour dénoncer le comportement surréaliste des responsables de la FTQ-C. J'avais aussi de bons rapports avec plusieurs animateurs de radio. À commencer par Paul Arcand, dont j'ai apprécié la rigueur. Benoît Dutrizac, Paul Houde et Éric Duhaime m'ont aussi réservé beaucoup de temps d'antenne. Du côté anglophone, c'est sûrement Dan Delmar à CJAD et Jamie Orchard à Global qui ont le plus contribué à faire connaître les malversations de Jocelyn Dupuis.

Si j'étais en bons termes avec la majorité des journalistes, ça ne veut pas dire pour autant que nos relations n'ont pas connu quelques soubresauts. Loin de là. Parce que l'information repose désormais beaucoup sur le tape-à-l'œil. Il faut être à la fois divertissant, spectaculaire et... politiquement correct. Et ne pas froisser les annonceurs.

C'était le constat auquel j'arrivais quand un journaliste qui avait déjà diffusé cinq ou six reportages sur le scandale à la FTQ-C, s'est mis à traîner des pieds pour sortir une de mes histoires. Au départ, je me disais que ça devait être parce que je n'étais plus la saveur du mois. Et puis, j'ai compris une autre facette du journalisme actuel : avant de sortir une nouvelle, il faut prendre le temps de faire des recherches et de vérifier les informations. Et comme le temps et l'argent manquent de plus en plus dans les médias, si je ne débroussaillais pas moi-même un topo, les gens étaient tentés de s'asseoir dessus. Je l'ai encore mieux compris quand un autre journaliste télé m'a demandé de lui résumer toute mon histoïre... en moins d'une minute et trente secondes.

Le *Journal de Montréal* m'a fait le coup à quelques reprises. On me disait qu'on estimait que les nouvelles informations que j'avais transmises étaient solides et qu'on les publierait dès le lendemain.

— On va les sortir, Ken...

Mais finalement, elles ne sortaient pas.

Ce n'était jamais leur faute, il y avait toujours de bonnes raisons ; un « événement majeur », par exemple. Mais, dans les faits, mon histoire n'était simplement pas assez *hot* pour la rédaction. Voilà comment j'ai appris que, dans le langage de la presse, il y a des sujets froids (intemporels) et des sujets chauds (d'actualité). Les miens n'étaient plus assez chauds.

Pour comprendre pourquoi, je suis allé voir directement un responsable à l'agence QMI. Je lui ai dit ça, en gros :

— Écoute, au début, vous étiez toujours après moi : vite, vite, vite ! C'était « action-réaction ». Mais depuis un certain temps, vous me donnez l'impression de dormir sur mes sujets. J'aimerais vraiment que tu m'expliques.

Quand j'ai vu qu'il chaussait ses patins avant de me répondre, j'ai enchaîné :

— Pourquoi est-ce que vous dormez au gaz ? J'étais venu vous voir avant Radio-Canada. Vous auriez pu sortir l'histoire des factures bien avant *Enquête*. Mais, comme personne ne m'écoutait ici, je suis allé voir ailleurs...

J'ai voulu avoir certaines garanties que mes infos seraient publiées. Pour moi, c'était de bonne guerre de négocier : je suis représentant syndical après tout. Mais QMI ne voyait pas les choses comme ça. Alors l'affaire est tombée à l'eau.

Quelques minutes après, j'ai téléphoné à Kathleen Lévesque au *Devoir* pour lui parler d'une autre de mes histoires. Quand son journal l'a publiée, un de mes interlocuteurs à QMI m'a téléphoné. Il était visiblement agacé. Notre échange peut être résumé comme ceci:

— Vraiment, Ken, *Le Devoir*? Mais ça ne te sert à rien, voyons donc! Il n'y a pas un gars de construction qui lit ce journal-là...

— Si vous sortiez mes histoires, je n'aurais pas besoin d'aller ailleurs. Mais comme vous les publiez quand ça vous arrange, vous ne me laissez pas le choix...

Et c'est vrai que je n'avais pas le choix. L'étau se resserrait sur moi parce que j'avais refusé de me laisser acheter. La FTQ était en pleine crise de nerfs. Jocelyn continuait à raconter l'histoire du bunker des Hells. Richard Goyette affirmait que les fausses factures n'existaient pas.

Et puis, pendant ce temps-là, la mafia montréalaise était sur le pied de guerre, la police était plus que jamais sur le dos des Hells, et les opérations anticorruption Diligence et Marteau de la Sûreté du Québec donnaient des sueurs froides aux politiciens et aux entrepreneurs...

Les journalistes étaient la dernière carte qu'il me restait à jouer pour mener mon combat – voire pour rester en vie.

C'était l'état d'esprit dans lequel je me trouvais quand j'ai entendu Sylvie Roy, une députée de l'ADQ, réclamer que le gouvernement Charest mette sur pied une commission d'enquête sur le milieu de la construction. Sur le coup, j'ai ressenti une incroyable poussée d'adrénaline. J'étais le naufragé à qui on venait de lancer une bouée de sauvetage.

Si Sylvie Roy a été la première élue à réclamer officiellement une commission d'enquête, Johnny Lavallée, lui, m'en avait parlé plusieurs mois auparavant. C'était bien avant les élections; je venais de faire assermenter des copies des fausses factures de Jocelyn par un copain au cabinet d'avocats Heenan Blaikie. J'avais l'impression que Johnny pensait à voix haute.

— Il ne faudrait pas qu'on se retrouve avec une commission d'enquête, parce qu'on va se faire ramasser...

Il a parlé de la commission Cliche, mise sur pied par le gouvernement Bourassa en 1974, quand des travailleurs de la FTQ-C avaient fait du grabuge sur les chantiers de LG-2, à la Baie-James. Il s'agissait d'une bande de gros durs avec des dossiers criminels longs comme le bras. Johnny reconnaissait volontiers que ça jouait dur sur les chantiers dans le Québec des années 1970 et qu'André « Dédé » Desjardins, le DG du Conseil des métiers de la construction, n'était pas un tendre (il est mort assassiné en avril 2000). Mais il soutenait qu'il y avait une bonne cause derrière leurs mauvaises actions.

— Ils se battaient pour leurs conditions de travail !

Johnny m'a regardé d'un air songeur en reprenant son souffle. Il avait l'air découragé.

— Mais là, on ne parle pas du bien-être des travailleurs, mais de bouteilles de vin et de fausses factures de restaurants. Je te jure, Ken. On va se faire ramasser...

Après une année d'enquête, la commission Cliche avait déposé un rapport de 600 pages qui démontrait que des locaux de la FTQ-C avaient bel et bien été infiltrés par le crime organisé. Dans leurs conclusions, le juge Robert Cliche et les commissaires Guy Chevrette et Brian Mulroney recommandaient la mise sous tutelle des quatre locaux en cause. En plus de Chevrette et Mulroney, un autre politicien en devenir faisait partie de la Commission à titre de procureur : Lucien Bouchard. La commission Cliche aura donc aussi eu le mérite de produire deux premiers ministres.

Après que l'ADQ eut lancé l'idée de mettre sur pied une commission d'enquête, j'ai redoublé d'ardeur pour nourrir la machine médiatique. Quand les journalistes et les partis d'opposition se mettent à taper sur le même clou, quelque chose finit par se produire. Alors je faisais tout pour donner le maximum de preuves tangibles aux médias. Pour que les électeurs réalisent que la plus grande centrale du Québec était bel et bien sous l'influence du crime organisé. J'avais la chance de pouvoir compter sur une source intarissable d'informateurs à la FTQ-C. Le navire prenait l'eau, et ils étaient nombreux à préférer balancer leurs camarades par-dessus bord plutôt qu'écoper en bons matelots solidaires.

Quelques mois plus tard, Fabrice de Pierrebourg, qui était passé à *La Presse*, m'a contacté. Il voulait savoir si je connaissais Carboneutre, cette firme de décontamination dans laquelle Raynald Desjardins et Jocelyn Dupuis étaient associés. Non, je n'étais pas vraiment au courant, mais ça m'intéressait. J'en ai profité pour lui dire que j'avais en ma possession un enregistrement dans lequel Bernard Girard confirmait qu'Arsenault lui avait demandé, ainsi qu'à Jean Lavallée, de rédiger des affidavits, c'est-à-dire des déclarations sous serment, dans lesquels ils certifieraient que le président de la FTQ ne s'était jamais fait offrir 300 000 $. Et cela, alors même qu'il avait affirmé le contraire devant Bernard, Johnny et moi, dans son bureau, et en nous regardant droit dans les yeux.

Fabrice de Pierrebourg était conscient de la nature explosive de ces informations. C'est pourquoi j'avais attendu quelques semaines avant de le relancer.

— Pourquoi est-ce que *La Presse* n'a pas encore sorti mes histoires ?

Fabrice avait toujours joué franc-jeu avec moi. Alors quand il m'a dit que Michel Arsenault exerçait des pressions sur son journal, je n'ai pas eu de mal à le croire. Selon la version officielle, Arsenault soutenait que la FTQ avait suffisamment souffert des révélations sur Jocelyn Dupuis et qu'il était injuste que les médias s'acharnent sur sa centrale alors qu'il avait pris les mesures nécessaires pour remettre de l'ordre dans la maison.

La vérité, selon Fabrice de Pierrebourg, c'était qu'Arsenault était furieux et prêt à tout pour faire en sorte que l'affaire des 300 000 $ ne sorte pas, au point de se rendre en personne dans les locaux de son journal. *La Presse* a finalement publié les articles de Fabrice après s'être assurée que les informations étaient assez blindées pour éviter des poursuites, mais ça a pris des semaines.

Le quotidien montréalais n'était pas le seul à subir les foudres de Michel Arsenault. Le président de la FTQ cherchait aussi à museler Radio-Canada, comme Alain Gravel me l'avait confirmé à l'époque. Il l'a même écrit sur le blogue d'*Enquête* en novembre 2013, dans un billet intitulé « L'intimidation de Michel Arsenault » :

*Jamais Michel Arsenault n'a voulu répondre directement devant la caméra aux questions des journalistes d'*Enquête*. Son porte-parole a même déjà dit à une recherchiste de Radio-Canada que son patron ne voulait plus jamais mettre les pieds dans l'édifice de Radio-Canada après la diffusion de nos reportages.*

Il n'a cessé de mettre en doute notre rigueur depuis le début de nos enquêtes. Il s'en est pris à nos méthodes, surtout l'utilisation des sources anonymes dans nos reportages. Il nous a traités de tous les noms. Il est allé jusqu'à faire des pressions directement sur nos patrons, alléguant que nos reportages étaient sans fondement.

Pourtant, il a fini par admettre que ça avait été une erreur de séjourner sur le Touch [le yacht de Tony Accurso]. «*Autre temps, autres mœurs*», a-t-il dit.*

Devant le tollé, le Fonds de solidarité, financé en grande partie par les fonds publics, a décidé de revoir ses règles de gouvernance.

Mis au courant de l'existence d'un enregistrement entre son conseiller politique Gilles Audette et Ken Pereira discutant de la présence du crime organisé autour du Fonds de solidarité, Michel Arsenault, par le biais de ce même Audette, a tenté d'obtenir une injonction pour empêcher sa diffusion, en vain.

Par la suite, Michel Arsenault et le Fonds de solidarité ont porté plainte à l'ombudsman de Radio-Canada contre nous, encore là sans succès, quoi qu'il en dise.

En plus des manœuvres judiciaires, il serait naïf de penser que le poids publicitaire de la centrale ne jouait pas dans ses rapports avec les médias. Je ne connais pas les budgets publicitaires du Fonds de solidarité, mais il suffit de feuilleter les journaux et magazines de la province durant les trois mois avant la date limite de cotisation aux RÉER pour avoir une idée de l'importance des sommes en jeu.

Une histoire qui a fait les manchettes est très parlante. En 2009, pendant le lock-out au *Journal de Montréal*, Michel Arsenault a contacté Pierre Karl Péladeau pour lui proposer un engagement publicitaire massif du Fonds de solidarité, plus de la moitié de son budget, à la condition que les annonces ne paraissent pas dans le *JdM*. Il fallait sauver les apparences de la solidarité avec les syndiqués (CSN) du *Journal*...

Depuis le début du scandale des fausses factures, Arsenault claironnait qu'il n'avait pas d'influence directe sur la gestion du Fonds de solidarité. Si ça avait été le cas, il me semble qu'il n'aurait jamais été en mesure de marchander son budget publicitaire. Quand le futur chef du Parti québécois a refusé de se plier à ses exigences, le président de la FTQ s'en est plaint à la presse: «C'est insultant! On n'a pas la gale! La fameuse convergence ne devrait pas servir au contrôle de l'information.» On a retiré des ondes les pubs du Fonds qui passaient déjà sur les chaînes de télévision de Québecor. Il paraît qu'Arsenault était tellement en colère qu'il aurait doublé le nombre de ses achats d'espaces à Radio-Canada et fait débloquer un nouveau budget publicitaire pour *Rue Frontenac*. Autrement dit, le journal des lock-outés du *JdM* devenait une priorité maintenant que Québecor l'avait envoyé promener...

Easy come, easy go: en avril 2011, un article est paru dans *Rue Frontenac* où Miguel Paolinelli, le président de la CSN-Construction, dénonçait de graves problèmes de trafic de drogue sur le chantier d'Hydro-Québec à La Romaine, mais aussi l'intimidation de la FTQ-Construction pour y «placer son monde». Peu après, Yves Ouellet, qui était devenu le directeur général de la FTQ-C, a écrit une lettre au rédacteur en chef de *Rue Frontenac,* où il disait qu'il serait inutile de solliciter sa centrale pour du soutien financier ou une quelconque collaboration. Il avait mis en copie conforme le chargé des ventes publicitaires...

CHAPITRE XV

J'étais toujours accaparé par mes échanges avec les journalistes quand j'ai vu Tony Accurso pour la deuxième fois, à son bureau de Saint-Eustache. C'était une rencontre assez informelle : on a commencé par parler de tout et de rien. Une manière de détendre l'atmosphère en voyant ce qu'on avait en commun, j'imagine. Il ne nous a pas fallu attendre longtemps pour comprendre ce qui allait être l'essence de nos échanges à venir.

En anglais, on dit : « *information is power* ». Quand Jean Lavallée a appris à Tony que je l'avais informé qu'il était dans le collimateur de Radio-Canada, il a été curieux d'en savoir plus. Il savait aussi que j'étais en contact avec les journalistes Marie-Maude Denis et Alain Gravel, et que ces derniers faisaient une fixation sur son bateau.

Soit dit en passant, Accurso m'a confié au cours d'une de nos rencontres que l'émission *Enquête* allait bientôt être retirée des ondes. Quand j'ai dit ça à Alain Gravel, ça l'a troublé, forcément. Alors il est allé voir son patron pour en avoir le cœur net... Mais non, *Enquête* était là pour rester.

Bref, Tony Accurso a toujours été quelqu'un de très discret dans la vie, et l'idée de voir un jour son nom en ouverture du *Téléjournal* l'horrifiait. C'est sur cette base qu'on a commencé à échanger des informations. Les médias le pourchassaient, et il savait que je leur parlais. La FTQ-C m'évitait comme la peste, et je savais que lui était au courant de tout ce qui s'y tramait. J'étais aussi convaincu que ses compagnies pourraient un jour être en mesure d'embaucher mes gars. Parce que Tony était tellement puissant à mes yeux qu'il lui suffirait de claquer des doigts pour que mes gars se retrouvent sur des chantiers. C'était donnant-donnant.

Mais je mettais la charrue avant les bœufs. Tony a été très clair avec moi. Il m'a tout de suite expliqué que, même s'il venait d'acheter Gastier Mécanique, il ne pouvait rien faire pour moi :

— Ce n'est pas que je ne veux pas, c'est que je ne contrôle pas ça...

Je n'arrivais pas à me faire à l'idée que quelqu'un d'aussi puissant cède aux pressions d'un syndicat. Comme il voyait bien que j'avais du mal à le croire, Accurso a ajouté quelque chose, pour ne me laisser entretenir aucune illusion :

— Tu sais bien que la FTQ-C fait exactement la même chose. Vous bloquez l'accès des chantiers aux gars de l'Inter et des autres syndicats dans les secteurs où vous êtes majoritaires. *Sorry kid*, mais la FTQ-C fait à l'Inter ce que l'Inter fait à tes gars...

J'ai préféré changer de sujet.

Au total, on s'est peut-être rencontré une vingtaine de fois entre l'automne 2008 et la création de la commission Charbonneau à la fin 2011. On s'appelait aussi régulièrement, quand l'un tombait sur des informations qui concernaient l'autre. Je ne parle pas ici de secrets d'État, mais des potins et des rumeurs sur le monde de la construction et les énergumènes qui gravitaient autour. Ça ne manquait pas. Souvent, nos conversations déviaient sur des sujets inattendus. Comme la fois où Tony m'a fait retrousser la pointe du cœur en m'annonçant qu'il avait regardé « Le Fonds sous influence », le reportage d'*Enquête*, avec un journaliste connu et un politicien influent !

Dans ce reportage, Mario Basilico et George Lanneval, deux directeurs de locaux affiliés à la FTQ-C, reconnaissaient que les élections de novembre 2008 avaient été truquées. Ils avaient témoigné à visage caché, par peur des représailles. Des représailles de qui? Des dirigeants de la FTQ-C? Ça m'étonnerait... D'ailleurs, quelques mois à peine après la diffusion du reportage, Basilico a été nommé vice-président de la FTQ-C, alors qu'à peu près tout le monde à la centrale était au courant qu'il avait dénoncé la fraude électorale de 2008 à la télé.

Je me revois encore assis dans le bureau de Tony sur le boulevard des Rossignols, à Laval. Je me doutais bien qu'un homme d'affaires de sa trempe avait un carnet d'adresses bien garni. Il connaissait tous les rouages du système. Mais jamais je n'aurai pensé qu'il aurait visionné un reportage sur les magouilles de la construction en compagnie de personnalités médiatiques et politiques d'une telle envergure. Surtout pas quand le reportage en question s'attachait à démontrer que les hauts dirigeants de la FTQ-C avaient joué à *La croisière s'amuse* sur son bateau, le *Touch*, pendant des années. Et moins encore quand un de ces dirigeants était sous enquête pour fraude et abus de pouvoir. J'ai mentionné la confidence de Tony aux gens de la CEIC, mais ça n'est pas passé aux audiences de la Commission.

Jocelyn... Il m'arrivait encore de repenser à nos premiers échanges et à ma naïveté. Quand, par exemple, il disait qu'il fallait que la FTQ-C obtienne la majorité au vote d'allégeance syndical de 2006 pour avoir les mains libres pour négocier avec le patronat, moi, j'entendais que c'était pour mieux défendre nos membres. Ça se voyait bien, pourtant, qu'il se fichait du sort des travailleurs. Mais à l'époque, j'étais tellement obsédé par la création de mon nouveau local que ça m'aveuglait. Alors qu'il y avait plein d'indices. Comme cette soirée aux danseuses où il m'avait répété en regardant les filles que ce n'était pas juste le bar qui était *open*...

Jocelyn était une grande gueule. Mais il était en contact avec beaucoup de gens, qui lui refilaient toutes sortes d'informations. Du coup, même s'il disait souvent n'importe quoi, il lui arrivait aussi de prédire des événements bien avant qu'ils ne se retrouvent en première page des journaux. Il m'avait lancé un jour que Robert Abdallah, l'ex-directeur général de la ville de Montréal, allait être nommé président du Port de Montréal.

— Tu sais qui pousse très fort pour sa nomination?

J'avais fait signe que non.

— Tony Accurso...

Jocelyn m'avait raconté que Tony et un de ses amis dans une firme d'ingénieurs étaient en contact avec des gens du bureau du Stephen Harper, à Ottawa, et que l'affaire était presque dans la poche.

— Et quand il sera au Port de Montréal, Abdallah va s'arranger pour faire dézoner les rives du Saint-Laurent...

Je suis bien conscient que ça ne doit plus surprendre grand monde aujourd'hui, pas après toutes les histoires de tricheries que les médias ont fait éclater depuis. Mais en 2007, c'était quelque chose, pour moi, de penser qu'un homme d'affaires pouvait inciter le cabinet du premier ministre du Canada à nommer la personne de son choix.

En y repensant, je me suis souvenu d'une autre de nos conversations. À propos d'Eddy Brandone, cette fois. Jocelyn m'avait expliqué pourquoi il avait recruté Eddy quelques années plus tôt, alors qu'il était à l'Inter. Il l'avait fait en dehors de la période de maraudage et l'avait parachuté au poste de secrétaire financier de la FTQ-C, ce qui ne correspondait pas du tout aux usages. Mais, à en croire Jocelyn, il fallait avoir le courage de placer les bonnes personnes aux bons endroits pour qu'une organisation fonctionne rondement.

À titre de secrétaire financier, Brandone était l'une des premières personnes à être en mesure de constater les irrégularités dans les dépenses de son directeur général. Mais il avait fermé les yeux. Parce que Jocelyn l'avait embauché? Parce que son nom était au dos de dizaines de faux reçus? Parce qu'il tirait profit de la générosité de son DG? Je ne sais pas. Mais c'est sûrement pour l'une de ces raisons que, au pire moment du scandale des fausses factures, totalement pris de panique, Eddy Brandone m'avait jeté les clefs de sa Mercedes au visage en hurlant quelque chose en italo-new-yorkais qui ressemblait à :

— Prends mon char et va te... Va-t'en...

Je regrette encore de ne pas avoir pris ses clés sur le coup. Pas pour garder la voiture. Plutôt pour la fracasser contre un mur de ciment.

Encore pour se justifier d'avoir nommé Eddy Brandone secrétaire financier Jocelyn m'avait confié l'avoir croisé un jour en compagnie d'un important avocat de banque, spécialisé dans les placements *offshore*.

— Eddy a l'air de bien connaître les paradis fiscaux. Il a beaucoup d'amis dans les îles...

Dans le monde interlope aussi. Il était proche de Johnny Bertolo, un caïd de la mafia assassiné en 2005. Je me souviens aussi de cette soirée où il m'avait donné rendez-vous à minuit dans un café de Montréal-Nord. On était dans la dernière ligne droite avant les élections de novembre 2008 et, avec Bernard Girard, on faisait la tournée des directeurs de locaux pour leur montrer les fausses factures de Jocelyn. Je leur montrais des copies, et je ne leur laissais jamais d'exemplaires. À part moi, seuls Michel Arsenault et Jean Lavallée avaient des copies des factures.

Eddy Brandone était aussi directeur du local 135 (monteurs, mécaniciens et vitriers), et à ce titre, je tenais à le rencontrer. Même s'il faisait partie du clan à Jocelyn, même s'il connaissait forcément très bien l'existence des fausses factures, et même si c'est lui qui avait la responsabilité de vérifier et d'autoriser les dépenses des dirigeants de la FTQ-C.

J'avais essayé de le joindre par téléphone à plusieurs reprises, mais sans succès. Et puis, un soir, par hasard, Bernard
a réussi à l'attraper. À l'écouter, Eddy était complètement dé-
bordé. Je pense plutôt qu'il cherchait à nous éviter. Peu importe, il avait finalement accepté de nous donner un rendez-
vous. À minuit, dans un café italien de Saint-Léonard, parce
qu'il ne pouvait pas, mais vraiment pas, nous voir plus tôt.
On avait accepté, même si c'était assez louche.

On est arrivés à l'heure. Eddy était déjà installé à une table
avec Guy Martin, le directeur adjoint du local 135, avec qui je
m'étais déjà sérieusement accroché. On s'est salué sans céré-
monie, avant de rentrer dans le vif du sujet. Il y avait un
homme à la table d'à côté. Son visage me disait quelque chose,
mais je n'arrivais pas à le replacer. Il semblait s'intéresser à
notre conversation.

Je ne reconnaissais pas Eddy Brandone. Il était plus hau-
tain et méprisant que d'habitude. J'étais conscient qu'il avait
de multiples visages, mais il ne m'avait jamais encore montré celui-ci. J'ai compris pourquoi quand il m'a mis sous les
yeux une photocopie d'une des fausses factures de Jocelyn.
Comme elle avait été agrandie plusieurs fois, elle paraissait
énorme.

J'ai regardé Eddy, qui affichait un air triomphant. Guy
Martin ne se pouvait plus non plus. Je le répète : j'étais le seul
à avoir des copies des factures de Jocelyn à l'époque. Le seul,
avec Michel Arsenault et Johnny Lavallée. Puisque ce n'était
pas moi qui avais donné à Eddy la facture qu'il me mettait
sous le nez, je me demandais sérieusement lequel des deux
autres la lui avait remise. Michel ou Johnny ? Comment savoir ? Les deux en étaient capables. Pire encore : il n'était pas
impossible qu'ils aient manigancé ce coup fumant ensemble.

Eddy préparait son deuxième acte en cherchant à attirer
mon attention sur le nom des personnes qui accompagnaient
Jocelyn au restaurant ce jour-là. En bon élève, Jocelyn inscri-
vait toujours le nom de ses invités au dos de ses factures. Offi-

ciellement, c'était pour justifier ses dépenses. Officieusement, cela permettait de les impliquer au passage. Pendant ce temps Eddy, dont le nom était au dos d'un nombre incalculable de fausses factures, en était presque rendu à me pointer du doigt le nom sur lequel il attendait impatiemment que je flashe: *Raynald Desjardins*.

Dans l'ordre, j'ai regardé Eddy Brandone, Guy Martin et puis le voisin. Je ne savais pas exactement où ils voulaient en venir, mais ils cherchaient clairement à me faire passer un message: « tu joues avec le feu... »

En tout cas, c'est le message qui a résonné dans ma tête quand j'ai fait le lien entre Raynald Desjardins et le gars assis à la table d'à côté: Giuseppe Colapelle, *alias* « Closure ». On murmurait qu'il était l'un des hommes de main de Raynald Desjardins. Un soldat qui s'occupait des sales besognes, celui qui, comme son surnom l'indiquait, réglait les affaires une bonne fois pour toutes.

Pourquoi est-ce que « Closure » était dans ce café ce soir-là? Eddy lui avait-il demandé de venir pour me faire peur? Pour me prouver qu'il avait ses entrées dans la mafia? Encore une fois, je ne sais pas.

En revanche, je sais aujourd'hui que Colapelle est mort assassiné au printemps 2012, et qu'il n'est pas le seul personnage trouble dont j'ai croisé la route pendant cette période houleuse qui a mal fini. Raynald Desjardins, accusé du meurtre de l'aspirant parrain Salvatore Montagna, est aujourd'hui en prison, et il craint pour sa vie. Son ami Gaétan Gosselin, quant à lui, est tombé sous les balles en janvier 2013. C'est lui qui m'avait *briefé* au Hilton de Laval. Et puis, il y avait aussi Tonino « Tony » Callocchia, un autre joueur important de la mafia selon la police de Montréal. Je l'avais rencontré un jour dans un autre café de Saint-Léonard où j'attendais un copain. Il était en compagnie d'Eddy Brandone. Je n'avais jamais adressé la parole à Tony de ma vie, mais ça ne l'avait pas empêché de me demander sans détour pourquoi « je n'aimais pas Jocelyn Dupuis »... Tonino Callocchia est mort assassiné en décembre 2014.

Pendant cette période, il m'arrivait par moments d'avoir du mal à contenir ma colère. Un soir, j'ai carrément pété les plombs. J'étais seul à la maison, et pas nécessairement à mon meilleur. Je repensais à la question de Tony Callocchia : « Pourquoi tu l'aimes pas, Jocelyn Dupuis ? »

Pourquoi ? À cause de ses mensonges, pour commencer. Et puis, il y avait sa condescendance envers les travailleurs, son hypocrisie, son ambition démesurée, sa méchanceté gratuite, sa certitude que tout le monde pouvait être acheté...

Les réponses venaient en rafale. Je me suis senti aspiré dans une spirale infernale.

J'ai décidé de prendre une longue douche pour me calmer, mais ça n'a rien arrangé. J'avais beau m'être lavé, j'étais toujours noir de rage. Je me doutais bien que ça m'arriverait un jour ou l'autre. J'étais même surpris que ça ne soit pas arrivé plus tôt.

Je suis descendu au sous-sol pour écouter de la musique. En général, après quelques chansons, je retrouve un semblant de calme. J'ai parcouru les CD sur l'étagère. Lynyrd Skynyrd, Stevie Ray Vaughan, Los Lobos, Offenbach, Jean Leloup, les Gypsy Kings, Aznavour... Après quelques hésitations, j'ai arrêté mon choix sur la bande sonore du film *8 Miles*. J'aime vraiment la chanson d'Eminem, *Lose Yourself.*

Elle commence doucement. Une mélodie qui ne nous prépare pas à ce qui s'en vient. Et puis, un riff de guitare, et la voix du rappeur qui embarque :

Look, if you had one shot, or one opportunity...

To seize everything you ever wanted...

Le jour où Jocelyn m'a offert de passer à la FTQ-C, j'avais eu l'impression que c'était la chance de ma vie, la meilleure occasion qui soit pour défendre mes valeurs syndicales. Il y avait longtemps que je rêvais de créer mon propre local. Un local qui serait réellement démocratique, et où la vraie priorité serait le bien-être des membres.

Je me souviens aussi de ma fierté de rejoindre une centrale 100 % québécoise, et cette équipe exceptionnelle que Jocelyn m'avait tant vantée. Et moi, j'avais succombé à son charme.

La colère continuait de monter en moi. Honnêtement, tous n'étaient pas des mauvais gars, beaucoup d'entre eux manquaient seulement de courage.

La chanson d'Eminem me faisait à la fois du bien et du mal. D'un côté, elle me défoulait, mais de l'autre, elle faisait remonter toutes ces frustrations accumulées. J'étais sur le bord d'exploser.

Le téléphone a sonné. Un de mes gars avait besoin de parler. Lui aussi en avait gros sur la patate. Il était en train de perdre sa maison ou sa femme, ou les deux.

Je me suis affalé sur le divan. On s'est vidé le cœur pendant une bonne quinzaine de minutes. On a blâmé la terre entière pour nos problèmes. Comme deux adolescents. Et puis, il a dit quelque chose qui m'est tombé dessus comme un cocktail Molotov :

— Et pendant qu'on est là à se plaindre, Jocelyn, lui, il est encore en train de se gaver chez Cavalli en s'envoyant des bouteilles à trois cents piasses...

Je me suis redressé net.

— Jocelyn est au Cavalli ce soir ?

— Ouais.

J'ai fait le coup du gars qui a un autre appel pour couper court à la conversation. J'ai attrapé le CD d'Eminem et mon manteau et je suis sorti de la maison en faisant de mon mieux pour ne pas faire de bruit, même s'il n'y avait personne. Au moment de verrouiller la porte, j'ai réalisé que j'avais laissé mes clefs dans la maison. Mauvais signe.

Je m'étais toujours efforcé de rester le plus droit possible. En dépit de tous les pièges qu'on me tendait. Malgré mon

côté impulsif. Mais là, j'avais l'occasion de me retrouver face
à face avec Jocelyn Dupuis. La chance de le confronter d'homme
à homme.

J'ai inséré le disque dans le lecteur de la voiture et j'ai
bouclé ma ceinture deux fois plutôt qu'une. J'étais conscient
que ce n'était sans doute pas la meilleure idée du monde d'aller au Cavalli dans cet état. Mais mon instinct me hurlait d'y
aller. Du coup, même si je savais très bien que ma boussole
intérieure me jouait peut-être des tours, je n'ai pas pu m'empêcher de prendre la route. Mais pas avant de vérifier que
mes phares étaient bien allumés et de m'assurer que l'équipe
du sergent Benoît Dubé n'avait pas repris du service.

Les rues étaient vides. J'ai monté le volume. Encore les premières notes de piano. Encore le riff de guitare.

Je m'étais retenu pendant des mois et je réalisais maintenant à quel point j'avais envie de donner une raclée à Jocelyn.
Comme lui devait avoir envie, j'en suis sûr, de me fracasser la
tête. Je rêvais qu'on se batte comme des hommes, avec nos
poings. L'idée de le surprendre dans un resto où il avait dépensé sans compter l'argent des travailleurs était particulièrement attrayante.

Je roulais en direction du centre-ville avec une facilité
étonnante. Personne sur les routes. Tous les feux de circula-
tion étaient verts. Bon signe ?

Je me suis garé à trois portes du restaurant. Je n'ai pas mis
d'argent dans le parcomètre. Pas le temps. J'étais en mission.
Jocelyn ne m'associerait plus jamais avec l'affaire du bunker
des Hells... J'ai tiré la porte du restaurant. L'hôtesse m'a regardé d'un drôle d'air. Mes jeans et mon vieux t-shirt des Bills
ne devaient pas correspondre au code vestimentaire.

J'ai scanné des yeux le premier étage. Rien. Je me suis dirigé vers le grand escalier en plein milieu du restaurant. J'ai
monté les marches deux à deux. J'étais plus remonté que jamais. Je n'avais rien dans les mains. Rien de caché sous mon

manteau non plus. J'étais venu pour remettre Jocelyn à sa place, sans entourloupe. J'en rêvais depuis si longtemps que j'ai ralenti le pas, comme pour faire durer le plaisir avant d'apercevoir son crâne dégarni. Il était de dos. Il y avait peut-être cinq ou six personnes à table avec lui. Je serais incapable de le dire parce que c'est à ce moment précis que j'ai reconnu l'homme qui était assis juste en face de lui : Ducarme Joseph, le truand qui a fini assassiné en août 2014. J'avais encore Eminem dans la tête.

Snap back to reality. Oh there goes gravity...

L'espace d'une seconde, mon regard a croisé celui de l'un des plus dangereux criminels du Québec. Je doute qu'il m'ait reconnu, mais moi, je n'avais aucun doute sur son identité. Et ça m'a coupé *drette* dans mon élan. Joseph n'a même pas sourcillé et Jocelyn n'a rien vu. Moi ? J'ai dévalé l'escalier à toute vitesse pour me réfugier dans mon char...

Un jour, deux policiers m'avaient annoncé dans un motel que j'étais passé dans les ligues majeures. Je comprenais mieux.

J'étais à peine remis de mes émotions quand Yves Poirier, journaliste à LCN, m'a téléphoné pour me dire que Richard Goyette, le nouveau directeur général de la FTQ-C, continuait de répéter à tout le monde qu'il n'avait jamais vu les fausses factures de Jocelyn Dupuis et que Ken Pereira avait lancé une vendetta contre lui.

— Il dit aussi que tu es quelqu'un qui a besoin d'attirer l'attention...

Un jour, la spontanéité te joue des tours ; le lendemain, elle te redonne des ailes.

— Goyette continue à dire qu'il n'a jamais vu les factures de Jocelyn ? Eh bien, il est temps que je lui en donne de nouvelles copies...

— Quand ?

— Maintenant.

Le temps de trouver un cameraman, Yves Poirier m'avait rejoint à l'ombre de la tour de la FTQ.

— T'es prêt?

Il a regardé son cameraman. Les deux m'ont fait un signe de tête affirmatif.

— OK. *Let's roll.*

J'ai tiré la porte du 565, Crémazie Est, où j'étais moins bienvenu que jamais. Le soleil entrait à grands flots par les fenêtres panoramiques du hall d'entrée. Tout est allé très vite. Yves Poirier et son cameraman étaient sur mes talons. Le gardien de sécurité n'a pas eu le temps de se lever, mais on s'est tout de même salués, comme si de rien n'était, malgré la caméra. Je ne savais pas si c'était ce même gardien dont on m'avait dit que Michel Arsenault avait menacé de le congédier s'il me laissait entrer dans le building. J'espère que non, parce que j'étais déjà en train de grimper vers le deuxième étage. Vers la salle de réunion où Richard Goyette discutait avec peut-être une dizaine de personnes.

Je suis entré sans frapper. J'étais évidemment fébrile. Je ne sais pas si c'est l'effet de surprise ou la présence de la caméra, mais ils étaient hésitants. J'ai longé le mur pour me rendre au fond de la salle, où Richard Goyette était assis.

— Je me suis fait accuser de ne vous avoir jamais donné les reçus et les factures.

Je sentais que j'avais la voix tremblante. Le visionnement du reportage d'Yves Poirier me le confirmerait par la suite.

— Et là, formellement, j'aimerais vous les redonner...

Une fois la surprise passée, les insultes ont commencé à voler comme des couteaux. Un premier a parlé de ma mère. Un autre m'a traité de chien sale, je crois. Les autres... je ne sais plus. En partant, je n'ai pas pu m'empêcher de leur crier:

— Vous êtes une honte!

Chapitre XVI

Et puis, un jour d'octobre 2011, je suis tombé sur cette nouvelle sur le site de Radio-Canada:

Après s'y être fermement opposé pendant plus de deux ans, le premier ministre Jean Charest a annoncé cet après-midi la tenue d'une commission d'enquête sur l'octroi et la gestion des contrats publics dans l'industrie de la construction [...].

La commission sera présidée par la juge France Charbonneau, de la Cour supérieure [...]. Se disant déterminé « à faire le ménage dans l'industrie de la construction et à aller au fond des choses », Jean Charest a invoqué les « constats troublants » mis au jour dans le rapport du directeur de l'Unité anticollusion (UAC), Jacques Duchesneau, qui a fait état de collusion, de corruption et de trafic d'influence impliquant des firmes de construction partenaires du ministère des Transports (MTQ).

« La décision de créer une commission a été prise après des analyses et des consultations », a soutenu M. Charest, qui affirmait depuis deux ans qu'une commission d'enquête nuirait aux enquêtes policières en cours. « Les travaux de la commission seront complémentaires à ceux effectués par l'UPAC [Unité permanente anticorruption], et les fruits de son travail pourront être communiqués aux policiers. Ils nourriront la preuve et les enquêtes », a poursuivi le premier ministre.

Voici le mandat de la commission Charbonneau, tel que présenté sur son site internet :

- *Examiner l'existence de stratagèmes et, le cas échéant, dresser un portrait de ceux qui impliqueraient de possibles activités de collusion et de corruption dans l'octroi et la gestion de contrats publics dans l'industrie de la construction incluant, notamment, les organismes et les entreprises du gouvernement et les municipalités, incluant des liens possibles avec le financement des partis politiques.*
- *Dresser un portrait de possibles activités d'infiltration de l'industrie de la construction par le crime organisé.*
- *Examiner des pistes de solution et faire des recommandations en vue d'établir des mesures permettant d'identifier, d'enrayer et de prévenir la collusion et la corruption dans l'octroi et la gestion des contrats publics dans l'industrie de la construction ainsi que l'infiltration de celle-ci par le crime organisé [...].*

On ajoutait que le rapport final de la Commission devrait être soumis au plus tard le 19 octobre 2013. Mais, comme chacun sait, les choses se sont prolongées.

La Commission devait se pencher sur les quinze années qui avaient précédé son établissement. Ce qui lui donnait le pouvoir de mettre son nez dans les affaires des anciens gouvernements libéraux et péquistes.

Sur papier, c'était formidable : on pouvait avoir l'espoir d'un grand ménage. Mais en pratique, les choses s'annonçaient déjà beaucoup plus compliquées. Le mandat était tellement large qu'il serait impossible de retourner toutes les pierres, d'explorer toutes les pistes, d'interroger tous les suspects. Alors, comme bien des gens, j'avais l'impression que Jean Charest cherchait à noyer le poisson. Ce qui est sûr, c'est qu'en invitant la Commission à remonter jusqu'à quinze années dans le passé, on mettait le Parti québécois dans la ligne de mire avec le Parti libéral.

Quoi qu'il en soit, les dés étaient jetés.

De mon côté, j'étais prêt à témoigner, mais j'étais surtout reconnaissant du travail des journalistes. On n'était pas toujours d'accord sur la manière de procéder, mais s'ils avaient lâché l'affaire ou cédé aux menaces d'un Michel Arsenault, Jean Charest n'aurait jamais mis sur pied une commission d'enquête. Sans leur acharnement à confronter le gouvernement à propos des affaires louches du monde de la construction, le gouvernement aurait continué à faire l'autruche.

J'étais donc prêt à m'ouvrir comme un livre. Aucun sujet n'était tabou à mes yeux. J'étais prêt à partager les secrets de ma vie. Mes bons et mes mauvais coups. Et tant mieux si ça aidait à mettre la table pour les autres témoins. Parce que, si j'ai commis mon lot d'erreurs (jusqu'à demander et à obtenir un pardon), j'ai toujours assumé les gestes que j'ai posés. Il était hors de question pour moi de renier quoi que ce soit. La Commission représentait une occasion en or pour la cause des travailleurs, et une chance unique de mettre en lumière l'étendue de la corruption dans notre société, qui dépasse largement le monde de la construction.

Mais j'avais aussi quelques réserves, et une crainte majeure : celle que le gouvernement ne profite de la Commission pour affaiblir encore le mouvement syndical. Si la Commission exposait toutes les magouilles de la FTQ-C, il était évident que tout le mouvement syndical s'en retrouverait écorché. D'un autre côté, à partir du moment où la FTQ avait préféré se comporter comme une banque plutôt que comme un syndicat, revoir les règles du jeu, voire proposer quelque chose de radical n'était peut-être pas une mauvaise idée. Si la Commission examinait vraiment à fond « *les organismes et les entreprises du gouvernement et les municipalités, incluant des liens possibles avec le financement des partis politiques* », ces derniers allaient forcément devoir remettre en question leurs pratiques. Ils n'auraient plus d'autre choix que de donner l'exemple. Pour nous extirper du cynisme ambiant. Pour donner un nouveau souffle à la société. Pour que les Québécois aient à nouveau confiance dans le système.

Le premier geste que le gouvernement aurait dû poser en ce sens aurait été de mettre la FTQ-C sous tutelle. Il n'y avait aucune autre solution à mes yeux. Virer tout le monde et repartir sur des bases saines. Mais le gouvernement de Jean Charest, tout comme celui de Pauline Marois, soit dit en passant, a préféré ne pas le faire. Résultat : les hommes qui avaient fait le choix de soutenir Jocelyn Dupuis durant le scandale sont toujours en place : Yves Mercure, Éric Boisjoli, Yves Ouellet, Rénald Grondin, Bernard Girard, Mario Basilico, Guy Martin, Arnold Guérin... entre autres.

L'énumération de ces drôles de personnages est l'occasion d'évoquer l'autre grande inquiétude que j'ai eue dès le lancement de la Commission : quel serait son niveau de tolérance envers ceux qui mentent comme ils respirent, ou ceux qui font le coup de la mémoire passoire ?

De la théorie à la pratique, maintenant. La commission Charbonneau a fait son entrée concrète dans ma vie avec un coup de téléphone.

— Ken Pereira ?

— Oui.

— Nick Milano...

Milano m'a expliqué qu'il avait été assigné à mon dossier par la commission Charbonneau et qu'il était enquêteur au SPVM (Service de police de la Ville de Montréal). Ensuite, il m'a dit que son mandat était de recueillir le maximum d'informations qui, de près ou de loin, pouvaient intéresser la Commission.

Pendant qu'il me déroulait son discours officiel, moi, je le googlais. Son vrai nom était Nicodemo Milano. Il était réellement enquêteur à la SPVM, spécialisé dans le crime organisé. Il ne faisait aucun doute qu'il les connaissait, lui, les ligues majeures. Il avait fait partie de l'opération Colisée, qui avait provoqué la chute du clan Rizzuto.

— J'aimerais te rencontrer bientôt pour parler un peu...

— Quand tu veux.

Je restais sur mes gardes, bien évidemment. Parce que je n'ai jamais eu d'affinités naturelles avec la police, déjà. Et aussi, parce que tous les corrompus à la FTQ-C répétaient sans cesse que j'étais un *stool*, ce que je n'ai jamais été. Je ne suis jamais devenu un KGB comme ils disent dans leur jargon. Mais ça ne m'a pas empêché pour autant de m'ouvrir assez rapidement à Milano. Parce que la cause était plus importante que mes réticences : il était le représentant de la commission Charbonneau, et la voie la plus directe pour assouvir mon besoin de vérité.

– Nick. Sérieux. Comment ça marche, ta commission ?

Nick n'est pas un mauvais gars, loin de là. J'ai passé plus de six mois à échanger avec lui. N'importe où, n'importe quand. Comme il habitait pas loin de chez moi, c'était facile de se croiser. Dans des places à beignes, par exemple, parce que Nick reste un policier. Ou dans des cafés où ils servent de bons espressos, parce que je suis d'origine portugaise et que j'aime le vrai café. Il n'y avait pas vraiment d'horaires fixes entre nous, aucune routine. C'était parfait pour moi. Ça m'a permis de lui répéter mes histoires deux fois plutôt qu'une, en ajoutant des détails importants à chacune de nos rencontres. Il arrivait que je lui envoie six ou sept textos à minuit, et autant de courriels à une heure du matin. Au point, par moments, de le faire grimper aux rideaux.

— 2 h 23 ? Ken, il faut que tu dormes...

Je lui envoyais vraiment tout. Des articles de journaux, des liens vers des reportages ou des extraits des enregistrements. Bref, tout ce qui était susceptible de le convaincre que ce qu'il savait de la corruption à la FTQ-C n'était que la pointe de l'iceberg...

Je ne pourrais pas dire exactement le nombre d'enregistrements que j'ai remis officiellement à Nick et à la commission Charbonneau. Mais je leur ai clairement fait comprendre que pour moi, il y en avait trois qui étaient très importants. Je l'ai répété en boucle à Nick Milano et au procureur Simon Tremblay. Je l'ai répété à tout le monde.

Avec le recul, je regrette de ne pas avoir été plus méticuleux. Parce qu'ils naviguaient tous à vue, comme moi au début : les procureurs, les commissaires, les recherchistes, les responsables des communications, des opérations et des enquêtes...

La commission Charbonneau est une grosse machine avec un mandat plus gros encore, qui a parfois des airs de mission impossible. Est-ce que c'était l'intention du gouvernement Charest de confier un mandat si large à la juge France Charbonneau qu'à force de chercher des aiguilles dans une botte de foin, elle perdrait de son discernement ?

Je leur avais posé la question un matin. Pas vraiment dans ces mots-là, mais dans le même esprit.

— Ken. Nous, ce qu'on a sur notre liste d'épicerie, c'est un avocat, un politicien, une firme d'ingénierie, un contracteur et un leader syndical...

C'est là que j'ai compris que la Commission voulait donner un coup de balai, mais pas refaire les fondations. Un peu comme cette « réingénierie » qui devait transformer le Québec, selon ce que Jean Charest avait promis en 2003.

Relooking ou pas, moi aussi, j'avais un agenda.

— Eh bien, moi, je veux que la Commission fasse jouer trois de mes CD.

— Lesquels ?

— *Un*, celui où Bernard Girard, le VP de la FTQ-C, reconnaît que Jean Lavallée et lui ont rédigé de faux affidavits afin de protéger Michel Arsenault dans l'histoire du pot-de-vin de 300 000 $ que lui aurait offert l'ami italien de Jocelyn ; *deux*, celui où Robert Laurin, l'avocat de la FTQ-C, avoue à Gilbert Vachon (l'ancien président de mon local) qu'il aurait pu lui aussi embarquer dans les magouilles de Jocelyn et compagnie; *trois*, celui où Jean Lavallée, le président fondateur de la FTQ-C, regrette ouvertement d'avoir laissé les choses dégénérer...

— OK, Ken. On va les faire jouer.

Après plus de six mois d'échanges avec Nick, j'ai rencontré Simon Tremblay, le procureur de la CEIC... et retrouvé le neuvième étage du 500, boulevard René-Lévesque Ouest. À mes yeux, c'était assez ironique que les locaux de la Commission soient les mêmes que ceux des ministres du Travail que j'avais rencontrés pour dénoncer l'intimidation et la collusion dans l'industrie de la construction. C'était entre ces murs que j'avais longuement débattu avec les attachés politiques de ces ministres, qui me répondaient que ce n'était pas dans leur juridiction, ou qui me faisaient comprendre que le sujet n'était pas sur la liste des priorités de leur ministre. J'y avais rencontré François-William Simard, l'attaché politique de Lise Thériault, à plusieurs reprises – bien avant le soir où je l'avais retrouvé à minuit dans le parking d'un McDonald's pour lui remettre mes CD. Aujourd'hui encore, je serais incapable de dire si c'était une initiative personnelle où s'il était en mission commandée.

Selon le site de la Commission, « *les procureurs travaillent avec les enquêteurs, rencontrent les témoins potentiels et préparent la preuve à présenter [...] en audience et font valoir les principes juridiques applicables lorsque les débats portent sur des points de droit. Ils présentent leurs preuves et leurs arguments dans une perspective d'intérêt public, de façon neutre et objective. Ils s'assurent que toutes les questions relatives au mandat de la Commission sont étudiées et présentées.* »

En tant que procureur, Simon Tremblay avait donc la responsabilité de me préparer le mieux possible. Tous les témoins appelés à prendre la parole devant la juge Charbonneau étaient préparés et, jusqu'à un certain point, dirigés par les procureurs de la Commission afin de répondre à « *toutes les questions relatives au mandat de la Commission* ».

Le hic, quand j'y repense aujourd'hui, c'est que rien ne garantissait que la Commission poserait les bonnes questions. L'équipe de Simon Tremblay, avec l'appui de celle de Nick Milano, a passé deux bonnes semaines à me préparer. Deux semaines intenses où ils ont tout fait et plus encore pour s'assurer que mon témoignage soit le plus compréhensible possible et pour que je respecte du mieux possible la chronologie des événements.

Simon Tremblay s'est toujours montré respectueux à mon égard. Même quand nos briefings étaient éprouvants. Les gens de la Commission ont toujours été courtois, malgré les tensions, malgré la quantité d'informations que je déversais, malgré les heures et les heures d'enregistrements que je leur avais imposé d'écouter, et malgré le fait que j'étais sans cesse sur leur dos. Parce que je voulais qu'ils posent les bonnes questions.

Simon Tremblay me répondait chaque fois que je n'avais pas à m'inquiéter et qu'on aurait amplement le temps de faire le tour de toutes les questions. Je lui donnais le bénéfice du doute. Simon avait le même objectif que moi, non ?

— Concentre-toi sur ton témoignage, Ken. Il faut que tu sois le plus crédible possible.

Je me rappelais parfois le jour où Johnny Lavallée m'avait parlé de la commission Cliche, et des deux premiers ministres qui en avaient émergé : Brian Mulroney et Lucien Bouchard. Il m'arrivait assez souvent d'agacer mon procureur sur ce sujet.

— Aujourd'hui, tu es ici avec moi, Simon. Mais, demain, qui sait, tu seras peut-être premier ministre...

Blague à part, c'était vrai qu'il me faudrait être le plus clair et crédible possible. La crédibilité de ma personne a été la première chose que les avocats de la FTQ-C, de l'Inter et du Fonds de solidarité ont cherché à remettre en question le jour de mon contre-interrogatoire. J'avais témoigné six jours devant la Commission et provoqué pas mal de secousses, et puis le septième... je me suis retrouvé devant des forces qui ne voulaient qu'une seule chose : me tailler en pièces. En me faisant sortir de mes gonds, pour que j'aie l'air d'un cave.

Pas fort, comme stratégie : dépenser des fortunes en avocats pour faire passer un *whistleblower* pour un traître.

C'est tout de même une drôle d'expérience d'être appelé à témoigner devant une commission d'enquête. Le principe est assez simple. Après avoir raconté tous les détails de mon existence à Nick Milano, et après que son équipe a passé ma vie au peigne fin, encore plus rigoureusement que si j'avais été un candidat à la Cour suprême, j'ai passé deux semaines à me préparer afin de m'emmêler le moins possible dans mes explications. Et puis, durant mon témoignage, une voiture banalisée venait me chercher le matin à la maison pour me conduire au 500, René-Lévesque Ouest. Une fois rendu dans le stationnement souterrain, je prenais toujours le même ascenseur. Celui qui permettait d'éviter les journalistes.

Les auditions ne commençaient jamais avant neuf heures, mais il était essentiel de se présenter tôt. Autour de sept heures. J'arrivais en jeans et en t-shirt, et je me changeais sur place, où j'avais laissé deux complets. Ensuite, comme dans un vestiaire sportif, on révisait notre plan de match pour voir s'il fallait faire des ajustements de dernière minute. À chaque fois, je demandais à Nick Milano de s'assurer auprès de Simon Tremblay que j'allais pouvoir enfin répondre aux questions qui me semblaient les plus importantes. Est-ce que j'aurais le temps d'aborder les vrais enjeux ?

À chaque fois, il se faisait rassurant.

— Ne t'inquiète pas, Ken. On va avoir le temps.

Il a passé vite, le temps. Pour faire simple, la première journée a été plus au moins entièrement consacrée à mon CV. Simon m'a laissé consulter mes notes ce jour-là, mais pas ensuite. Je ne sais pas trop pourquoi, puisque les témoins après moi avaient eu droit aux leurs. En tout cas, ça m'a déstabilisé. Je ne suis pas fort avec les dates, j'avais beaucoup de choses à dire et je ne voulais rien n'oublier. Parce que tout ça était très important pour moi, ça représentait une grande tranche de ma vie, et si la Commission n'arrivait pas à y voir clair, c'était la gang à Jocelyn qui gagnerait.

C'est vrai que j'ai fait quelques révélations troublantes, comme on dit, lors de mon passage devant la Commission en octobre 2013. Mais je ne me suis pas vidé le cœur. Je crois que la Commission n'a pas posé toutes les bonnes questions. En tout cas, pas toutes celles auxquelles j'aurais aimé donner des réponses... ou en recevoir. Celles que Simon Tremblay m'avait promis de soulever.

— Tu vas parler de l'histoire de Carboneutre et du 300 000 $ que Michel Arsenault prétend n'avoir jamais vu ?

— Sois patient, Ken.

— Tu vas faire jouer les enregistrements que tu m'as promis de faire entendre à la juge ?

— Patience...

Patience. Voilà comment je me suis retrouvé seulement à moitié satisfait de mon expérience de témoin. Je sais très bien que je ne suis pas le seul à avoir eu l'impression d'avoir donné une montagne d'information à la Commission, pour que celle-ci n'en escalade finalement que les premières collines.

Ce qui ne m'empêche pas d'espérer encore un miracle.

Je suis bien conscient d'avoir créé une certaine commotion lors de mon passage. Surtout le jour de mon contre-interrogatoire, quand la FTQ-C, l'Inter et le Fonds de solidarité se sont soudainement révélés solidaires dans leur entreprise de me faire passer pour un fou. Mais j'ai trouvé le moyen d'y arriver sans leur aide, en déboulant ce matin-là l'escalier de ma maison. Sur le coup, tout le monde s'est inquiété : ils pensaient tous que je m'étais fait tabasser par des pas fins. Comme ma chute a provoqué l'annulation des audiences de la journée, les médias sur place n'avaient rien à se mettre sous la dent. Du coup, ils en ont fait toute une histoire. Je les comprends, j'aurais fait la même chose... Ça doit être amusant de raconter l'histoire du gars qui s'enfarge dans ses lacets...

Mais je m'étais tout de même frappé la tête assez fort pour en vomir, et la rétine de mon œil droit s'était décollée. Il n'était pas sept heures quand je suis monté dans la voiture de Nick Milano pour me rendre à la Commission. Ce matin-là, j'ai découvert les privilèges d'être témoin à la commission Charbonneau. Celui d'avoir accès à un système de santé de première classe, déjà. Dès que Nick a réalisé l'état dans lequel j'étais, il a pianoté sur son téléphone et la machine de la CEIC s'est mise en branle. À vue de nez, j'avais une demie face au beurre noir et peut-être une commotion cérébrale. Nick n'a pas eu à attendre ses directives longtemps. Je me suis aussitôt retrouvé dans une clinique sur la rue Bélanger, où je n'ai pas eu besoin d'attendre ou de prendre un numéro et où, en deux temps trois mouvements, on m'a fait passer plus de tests et de rayons X que j'en avais subis et reçus dans toute ma vie. Mais le plus impressionnant pour moi, c'est que deux heures et des poussières plus tard, j'étais de retour à la maison et que la Commission, elle, avait mon dossier médical en sa possession.

Comme mes gars, je n'avais pas le droit de travailler au Québec durant la grande parade des témoins à la CEIC. Je passais donc deux semaines en Alberta puis j'avais une semaine de repos à Montréal. J'ai regardé une grande partie de ce festival du parjure sur la petite télé vissée au mur de ma chambre de travailleur itinérant. Je les écoutais les uns après les autres, et je n'arrivais pas à en croire mes oreilles. Au point parfois d'engueuler la télé. Notamment le jour où j'ai entendu Michel Arsenault dire en commission que les gens au bureau me traitaient de « Capitaine Bonhomme ». Hein ? Si j'étais un fabulateur, pourquoi Arsenault était-il resté en contact avec moi ? Même après la diffusion du reportage d'*Enquête* ? Même après m'avoir jeté aux loups quand la SQ me disait que j'étais en danger ? Sérieux. Pourquoi continuait-il à me rencontrer si je n'étais qu'un mythomane à ses yeux ? Pourquoi avait-il tenu à ce que je remette (dans une enveloppe scellée) la carte d'affaires de Carboneutre de Raynald Desjardins à sa secrétaire ? Pourquoi avait-il demandé au Capitaine Bonhomme de l'aider à démontrer que la bande à Jocelyn cherchait à mettre la main sur l'argent du Fonds ? Il évitait soigneusement de se montrer en public avec moi, mais on a fait souvent des tours de bloc en voiture pour discuter. Il m'a même demandé un jour de venir le chercher à l'aéroport pour qu'on ait une bonne heure pour se parler.

Évidemment, je ne suis pas juriste. Mais si c'était moi qui avais interrogé Michel Arsenault, par exemple, je lui aurais tout de suite parlé des 300 000 $. Je lui aurai aussi demandé pourquoi il avait fait signer de faux affidavits à Johnny Lavallée et Bernard Girard. Surtout que Johnny avait affirmé le contraire devant la juge Charbonneau. J'aurais sans aucun doute aussi envoyé un *subpoena* à Bernard Girard. Ne serait-ce que pour lui demander d'écouter ce qu'il disait sur l'enregistrement que j'avais transmis à la Commission. Et puis, avant d'en finir avec Michel Arsenault, il m'aurait été difficile de m'empêcher de lui demander s'il avait cherché à obtenir la faveur des médias en faisant jouer le poids des engagements publicitaires du Fonds...

À Tony Accurso, j'aurais demandé le nom de la personne qui lui avait murmuré à l'oreille que l'émission *Enquête* allait être retirée des ondes. Par simple curiosité, et parce que ça avait donné des sueurs froides à Alain Gravel et que, sans lui, mes histoires ne seraient peut-être aujourd'hui que de vagues légendes. Quand je repense au témoignage de Tony Accurso, les premiers mots qui me viennent à l'esprit sont « quelle farce! ». Tout ça pour ça! Pourquoi personne n'a-t-il cherché à lui brasser un peu la cage? De quoi ou de qui la Commission avait-elle peur? Je le répète: je n'ai rien, personnellement, contre Tony Accurso. N'empêche que ce gars-là était au cœur de la *grosse machine*, non? Une machine à imprimer de l'argent dont il connaissait tous les rouages et qu'il savait exactement comment utiliser.

Je l'aurais bombardé de questions pour faire la lumière sur ce grand système de copinage qui est toujours en place au Québec. Je lui aurais demandé, par exemple, avec quel journaliste et quel politicien il avait regardé le reportage d'*Enquête*. J'aurais voulu comprendre aussi pourquoi il se montrait parfois si généreux. Comme la fois où, quand je lui avais dit que j'avais besoin d'argent pour poursuivre un contracteur en justice, il m'avait donné dix mille dollars. Je l'avais fait par bravade, pour montrer aux enquêteurs de la SQ que je n'étais pas un clown. Ils cherchaient à comprendre la nature de ma relation avec Tony Accurso. Je leur avais dit la vérité, qu'on échangeait principalement de l'information à propos des médias et de la FTQ-C, mais ils refusaient de me croire. Comme ils me prenaient de haut, pour les provoquer, je leur avais lancé:

— OK. Je vais aller le voir, et je vais lui dire que j'ai besoin d'argent pour payer les avocats.

Je l'ai fait et, une semaine plus tard, Tony m'a remis une enveloppe contenant dix mille dollars cash. Je l'ai lancée dans la voiture banalisée des gars de la SQ par la fenêtre ouverte dès que je suis sorti du bureau de Tony. Ils étaient garés un peu à l'écart. Je me souviens encore de l'expression sur leurs visages. L'un des deux a gémi quelque chose comme:

— Mais Ken! On peut pas garder cet argent-là! Ou alors, il faut que tu fasses une plainte de corruption.

— Ben oui, les gars, bien sûr.

J'ai repris l'enveloppe en leur disant que je la rendrais à Tony Accurso, ce que j'ai fait après lui avoir expliqué que je n'en avais plus besoin, finalement. Il m'a offert de la garder, mais je lui ai dit non, c'était vraiment gentil, mais non.

Si j'étais revenu sur cette histoire devant la Commission, j'en serais sans doute arrivé à demander à Tony Accurso s'il lui arrivait souvent d'offrir des enveloppes à des syndicalistes. Ou encore, à des organisateurs politiques? Parce que ça, personne n'a osé le lui demander. Pour quelle raison?

Sérieux. À qui profite le système? Qui a intérêt à ce que rien ne bouge? Le monde politique? Le patronat? Les syndicats? Les fonctionnaires?

En tout cas, moi, je n'aurais pas été tendre avec les politiciens. Enfin, pas autant que la Commission semble l'avoir été. Pourquoi les avoir tant ménagés? Ils ont tous, ou presque, traîné des pieds pour venir témoigner, alors qu'ils avaient la chance de dire la vérité. Voilà pourquoi, comme beaucoup de monde, je suis resté sur ma faim.

Bien sûr, c'est tentant d'échafauder toutes sortes de théories et d'imaginer des conspirations quand on n'a pas toutes les cartes en main. Surtout quand les enjeux sont aussi vastes que ceux qui tombent sous le mandat de la commission Charbonneau. C'est justement pour ça que, si j'avais été à sa place, j'aurais envoyé d'emblée un *subpoena* à deux anciens premiers ministres.

Soyons clairs: je m'amuse. Tout est hypothétique. La commission Pereira n'existe pas. Mais moi, j'aurais convoqué Jean Charest et Pauline Marois, qui étaient, après tout, aux commandes du pays durant la période que la CEIC passait à la loupe.

Le juge Pereira inviterait aussi d'anciens dirigeants du Fonds de solidarité pour l'éclairer un peu sur son fonctionnement interne. Claude Blanchet et Raymond Bachand feraient très bien l'affaire. Le premier a dirigé le Fonds pendant des années et il est proche du PQ, et le second, après avoir été, entre autres, secrétaire de René Lévesque, a sauté la clôture pour devenir député et plusieurs fois ministre pour le Parti libéral, avant de relever Blanchet à la tête du Fonds de solidarité en 1997.

J'aurais fait appel à eux parce qu'ils sont tous, selon moi, dans le secret des dieux. Ils pourraient nous expliquer les vraies affaires. Celles qui nous permettraient de reconnaître qu'il y a des gens qui trichent dans toutes les sphères de la société. De la base au sommet de la pyramide. Des citoyens ne payent pas leurs taxes aux politiciens qui s'attendent à tirer des avantages des contrats qu'ils accordent. C'est la plus vieille combine au monde.

À Claude Blanchet, je n'aurais pas demandé grand-chose. Juste son avis sur les sous-entendus de ce fameux échange entre Jean Lavallée et Michel Arsenault, datant de 2009, dont l'enregistrement a été entendu à la CEIC :

Jean Lavallée (*inquiet*) : « Il va falloir que, tous les deux, on s'assoie et qu'on parle à nos amis du PQ. Il faut pas que le PQ embarque dans ça [une commission d'enquête], parce que sinon, y vont se faire ramasser. »

Michel Arsenault (*rassurant*) : « Hey, ils sont mal pris en ostie, parce qu'on a un deal avec Blanchet. »

Et un peu plus loin dans la conversation, ce commentaire, encore d'Arsenault : « Le PQ touchera pas à ça. J'vas parler à Pauline... »

Je n'aurais pas été plus féroce avec Raymond Bachand. Je lui aurais simplement demandé de poursuivre la réflexion qu'il avait amorcée au micro de Paul Arcand, en janvier 2013. Pour comprendre le fond de sa pensée lorsqu'il a presque reconnu en direct qu'alors qu'il était PDG du Fonds de solidarité, il avait subi des pressions de la part de certains membres de la FTQ-Construction. Ces derniers cherchaient à privilégier certains investissements. Arcand était curieux :

— On vous a envoyé des messages, monsieur Bachand ?

KEN PEREIRA

— C'est un univers intéressant...

Raymond Bachand avait pourtant affirmé à *La Presse*, six mois auparavant: « Jamais je n'ai été témoin de ça. Jamais je n'ai été au courant de ça. Jamais on ne m'a parlé de quelque chose comme ça. » Avant d'ajouter, prudemment: « dans la vie, rien n'est impossible... »

Enfin, j'aurais aussi convoqué l'ancien président de la FTQ, Henri Massé, pour qu'il me donne son avis sur l'évolution de la section construction de la centrale dont il a été un acteur historique. Est-ce qu'il avait vu venir les choses? J'en aurais profité pour lui demander de m'éclairer un peu sur ses relations avec Jean-Marc Baronet, le président des grues Guay, qui l'avait invité avec son fils Nicolas et Jean Lavallée pour un voyage de pêche dans le Grand Nord, en 2005.

Dans ma Commission, j'aurais fait ce que j'ai demandé à Nick Milano et à Simon Tremblay de faire des dizaines de fois. C'est quelque chose de très simple, mais qui aurait apporté bien des réponses. J'aurais fait analyser tous les dossiers auxquels Jocelyn Dupuis, Jean Lavallée et Guy Gionet (l'ex-PDG de la SOLIM, le fonds immobilier de la FTQ) ont été associés au cours des quinze dernières années. Et puis, j'aurais fait vérifier une seconde fois tous les dossiers qu'ils avaient défendus personnellement. Pour savoir exactement à qui profitait l'argent du Fonds, et pour avoir une idée précise des sommes en jeu, et des millions qui se sont évaporés dans la nature.

Épilogue

La voix du pilote résonne dans la cabine. Dans un français approximatif, il nous souhaite la bienvenue à l'Aéroport international d'Edmonton et nous remercie de nous « être laissés voler par Air Canada ». Le passager à ma droite éclate de rire. Il a une bonne tête. En temps normal, j'aurais ri avec lui.

Mais depuis que j'ai rejoint les rangs de la FTQ-Construction, la normalité n'est plus qu'un lointain souvenir. Selon le *Petit Larousse,* est normal « ce qui est logique, prévisible, compréhensible » et « conforme à ce que l'on pense être juste et équitable ».

Si l'inquiétude que j'avais vue dans le regard de mes enfants en quittant la maison ce matin-là était compréhensible, elle me confirmait une fois de plus que notre vie n'était plus logique, prévisible ou juste depuis longtemps. J'avais beau leur répéter que tout finirait par s'arranger, ils n'étaient pas rassurés. Pas après avoir passé les dernières années à regarder leur père tourner comme un lion en cage. Pas après l'avoir vu osciller comme un pendule entre l'espoir et le découragement, entre l'envie de continuer à se battre et la tentation de s'écraser comme les autres.

C'est un peu pourquoi je n'ai pas pu me moquer de l'erreur de français du pilote. Le gars avait fait l'effort de parler une autre langue. Le résultat pouvait paraître ridicule, mais j'étais devenu très sensible aux efforts des gens qui sortent de leur zone de confort, et qui prennent le risque de se tromper.

L'avion a roulé de longues minutes avant de s'immobili-ser, et tout le monde s'est levé d'un coup. Dépêchons-nous... d'attendre.

La porte de l'appareil n'était pas encore ouverte qu'ils s'empressaient tous de rassembler leurs affaires – quitte à bousculer leurs voisins – pour s'entasser dans l'allée centrale. L'agent de bord avait l'air découragé. Le débarquement s'an-nonçait pénible.

J'ai cherché mon voisin du regard. Il n'avait plus la tête à rigoler. Dès l'atterrissage, il avait remis son masque de business-man en mission. Il suffisait de voir la dextérité avec laquelle il avait maîtrisé la fanfare de bips de son iPhone, trop heu-reux de renouer avec un réseau téléphonique.

Mis à part une dame aux cheveux gris, trois rangées der-rière, j'étais le seul passager encore assis. Tous les autres se trémoussaient dans l'allée. La scène m'a ramené à cette pé-riode de ma vie où je me démenais comme un enragé. En re-pensant à toute l'énergie que j'avais dépensée dans ces mois et ces années, j'appréciais d'autant plus le confort de mon siège et le bien-être de ne plus faire partie de ceux qui s'agitent dans tous les sens. De ne plus être dans le chaos. J'étais zen. Enfin, presque... Parce que je ne pouvais pas ignorer la grande enveloppe jaune moutarde dans la pochette du siège devant moi. Je m'étais promis de l'ouvrir dès que l'avion atteindrait son altitude de croisière pour commencer à lire le paquet de feuilles qui se trouvait à l'intérieur. Mon histoire.

Il me fallait vérifier si, en racontant les années les plus éprouvantes de ma vie, on avait réussi à retenir l'essentiel. J'ai regardé l'enveloppe pendant quelques secondes, et puis mon esprit s'est mis à vagabonder. Je pensais à la désillusion que je m'étais infligée en fouillant Internet pour découvrir ce que la vie réservait en général aux *whistleblowers*. Ça ne s'était pas révélé une très bonne idée de m'intéresser de trop près à la destinée de ces sonneurs d'alarme qui osaient bousculer l'ordre établi, de ces malcommodes qui dénonçaient les abus et les failles du système et provoquaient des scandales. De ces téméraires qui ne pouvaient pas s'empêcher de dire *NON*.

Je n'avais pas eu besoin de chercher beaucoup. Ce n'est pas parce que Hollywood consacre un film à votre histoire qu'elle aura un *happy ending*. La plupart des *whistleblowers* importants de notre époque ont été bannis par la société qu'ils cherchaient à protéger. Parce qu'ils avaient osé briser le silence pour prévenir leurs concitoyens, ils se sont fait accuser de haute trahison, traiter de fous, attaquer de toutes parts.

Pour leur faire péter les plombs.

Pour miner leur crédibilité.

Pour les mener au bord du précipice.

Dans le désordre et à titre d'exemple : John Kiriakou, condamné à 30 mois de prison pour avoir dénoncé les pratiques de tortures de l'armée américaine en Irak, notamment le *waterboarding*; Bradley Manning, condamné à 35 ans de prison pour avoir partagé avec WikiLeaks des milliers de documents sur les pratiques douteuses de l'armée américaine en Irak et en Afghanistan; Mordechai Vanunu, condamné à 18 ans de prison pour avoir révélé que l'État d'Israël était en possession de l'arme nucléaire; Hervé Falciani, condamné à 5 mois de prison pour avoir dévoilé l'existence d'un système d'évasion fiscale mis en place par la banque HSBC; et Edward Snowdon, en exil en Russie pour avoir fait la lumière, entre autres, sur l'espionnage illégal des citoyens par les gouvernements.

J'étais toujours perdu dans mes pensées quand le pilote nous a annoncé qu'il y avait un problème avec la passerelle et qu'il nous faudrait prendre notre mal en patience. Tsunami de lamentations dans la cabine. J'ai regardé l'enveloppe jaune devant moi en pensant aux destins brisés de tous ces *whistleblowers*. Et aux regards inquiets et perplexes de mes enfants.

Inquiets parce que leur père avait un jour eu le malheur de péter les plombs, et perplexes... parce que leur papa était aujourd'hui accusé d'avoir proféré des menaces de mort.

— Des menaces de mort, *dad* ?

L'affaire remonte à quelques années. Mais comme la justice existe dans son propre espace-temps, elle était toujours en cours, et en Cour. J'ai du mal à résumer l'événement en question, tellement ça s'est passé vite. Mais une caméra de sécurité en a capté les images.

Des amis m'avaient invité à les rejoindre dans une brasserie fréquentée par des gars de la construction. J'étais alors l'ennemi numéro un de la FTQ-C. Le gars qui avait brisé l'omerta dans la centrale. Je n'ai donc pas été surpris d'être foudroyé du regard en entrant dans la brasserie, quand je me suis retrouvé face à une horde de gars peu réputés pour leur finesse. Mais leur hostilité me laissait indifférent. Les insultes, les murmures et les regards en coin, c'était devenu mon pain quotidien. Depuis que le voile s'était déchiré et que j'avais réalisé que j'avais affaire à une bande de peureux et de grandes gueules sans foi ni loi.

C'était avant la grande parade devant la juge Charbonneau. Avant qu'ils ne se mettent tous (ou presque) à maquiller la vérité et à jouer la comédie devant cette femme intelligente chargée de faire la lumière sur de « possibles activités de collusion et de corruption dans l'octroi et la gestion de contrats publics dans l'industrie de la construction incluant, notamment, les organismes et les entreprises du gouvernement et les municipalités, incluant des liens possibles avec le financement des partis politiques », sans oublier « l'infiltration [de l'industrie] par le crime organisé ».

Durant cette période, la Commission représentait mon seul et unique espoir de voir la vérité éclater au grand jour, de contraindre le gouvernement à faire le ménage dans l'industrie, et d'obliger les syndicats à revoir leurs manières de faire.

Pour qu'ils reviennent à leur vocation originelle : assurer le bien-être de leurs membres. C'est pourquoi j'étais prêt à me donner corps et âme à la CEIC et à lui remettre tous les éléments de preuves que j'avais en ma possession, dont mes enregistrements. Il fallait que la Commission nous débarrasse enfin des tricheurs, des voleurs et des fabulateurs.

Ce qui m'amène à Guy Martin, le directeur du local 135 (monteurs, mécaniciens, vitriers). C'est avec lui je me suis accroché à la brasserie. C'est lui, le bras droit d'Eddy Brandone, qui m'a accusé d'avoir « proféré des menaces de mort ». Guy Martin, la marionnette de Jocelyn Dupuis, était parmi ceux qui criaient sur les toits que mes enfants se retrouveraient orphelins.

Quelle sorte d'épais s'amuserait à dire ce genre de choses ? Quel trou de cul pourrait trouver ça drôle ?

Juste pour être clair : je parle bien ici du même Guy Martin qui m'attendait avec Eddy Brandone le soir où ce dernier nous avait donné rendez-vous, à moi et à Bernard Girard, dans un café de Saint-Léonard, à minuit. C'est lui qui faisait son Jos-connaissant tandis qu'Eddy essayait de m'intimider pour que je cesse d'écœurer Jocelyn Dupuis. Je cherchais alors à replacer l'Italien qui était assis à la table d'à côté : Giuseppe « *Closure* » Colapelle.

Un autre soir, dans cette même fameuse brasserie où j'étais passé avec deux amis qui en ont témoigné par la suite, Guy Martin avait fait un geste de la main dans notre direction. Il avait pointé son index en redressant son pouce en l'air, comme pour mimer un revolver.

Full subtil.

Mais revenons au fameux soir. Je ne m'attendais pas du tout à croiser Guy Martin en allant aux toilettes. Ça ne suffit pas à expliquer ce qui est arrivé, mais je me souviens d'avoir tout de suite ressenti un malaise, le poids de la malchance. Je savais bien que je n'étais pas à mon meilleur durant cette période. En temps normal, j'aurais réagi comme j'avais pris l'habitude de le faire avec tous ces tarlais qui essayaient de me faire péter ma coche. Je l'aurais ignoré. Je n'aurais pas mordu à l'hameçon, je l'aurais neutralisé avec mon mépris et mon indifférence. Comme pour ceux qui avaient laissé le rat mort devant ma porte, qui m'avaient envoyé un texto qui disait « *Boom* ! dans trois jours », ou qui crevaient mes pneus à tout bout de champ (devant chez moi, dans le parking de la FTQ, aux Galeries d'Anjou, à Radio-Canada...)

Qui sait ? Guy Martin n'aurait peut-être jamais eu l'occasion de porter plainte contre moi si quelqu'un avait crevé mes pneus ce jour-là. C'est moi qui ai éclaté, à la place. Combien de fois un homme peut-il entendre quelqu'un proférer des menaces qui impliquent ses enfants sans réagir ? Jusqu'à quel point est-il capable de se laisser sans cesse insulter, dénigrer et provoquer parce qu'il a voulu se tenir debout ?

Pour être honnête, j'ai l'impression d'avoir fait preuve de pas mal de retenue dans toute cette histoire. Ce n'est pas les occasions de distribuer des claques qui ont manqué.

Vraiment pas.

Mais la caméra de surveillance de la brasserie démontre clairement que j'ai craqué en sortant des toilettes ce soir-là. Quand je me suis retrouvé face à Martin dans le petit couloir et qu'il n'a pas pu s'empêcher d'ouvrir sa grande gueule. En fait, il a plutôt marmonné. Il a marmonné je ne sais pas quoi quand nos corps se sont croisés.

Je n'étais pas sûr d'avoir bien compris, alors je suis revenu sur mes pas.

— Qu'est-ce que tu viens de dire ?

La suite s'est produite à la vitesse de l'éclair.

La vidéo montre que je n'ai pas attendu sa réponse longtemps. Je l'ai attrapé et je l'ai projeté par terre. D'un coup, comme à la lutte. Sauf que ce n'était pas arrangé avec le gars des vues. Je voulais lui fermer la gueule une bonne fois pour toutes. Lui faire comprendre qu'il avait dépassé les limites une fois de trop et que je ne le laisserais plus faire des allusions à ma mort prochaine.

J'étais convaincu que Guy Martin me harcelait parce qu'il était en mission commandée pour la FTQ-C. Parce que la centrale cherchait encore et toujours à se venger de l'humiliation que leur avait infligée mon combat contre la collusion et l'intimidation. Sans oublier ma dénonciation des abus de Jocelyn dans les médias.

Je suis persuadé que la raison pour laquelle Guy Martin n'a pas abandonné sa poursuite est que la FTQ-C souhaitait à tout prix que je me retrouve avec un casier judiciaire. Parce que la loi interdit à quiconque ayant un casier judiciaire d'être dirigeant syndical au Québec, déjà. Et parce que ça me compliquerait sensiblement l'existence : je ne pourrais plus voyager aux États-Unis, par exemple.

Les haut-parleurs grésillent à nouveau.

— *Thank you again for your patience...*

Malgré ses tentatives de messages rassurants, le pilote était en train de perdre la partie. L'impatience marquait les visage des passagers. Même si le sourire de mon voisin avait disparu depuis longtemps, il m'avait tout de même fait un signe de la tête avant de s'enliser dans la file avec les autres. Je lui avait rendu son salut en pensant qu'il allait disparaître dans la meute, mais il était toujours là.

Bloqué, comme tous les autres.

Réduit à l'impuissance, comme moi.

J'ai attrapé ma grande enveloppe. Mon voisin n'avait pas pu s'empêcher de me demander ce qu'il y avait à l'intérieur, un peu avant que l'avion ne commence sa descente.

— Mon livre.

— Ton livre ?

— L'histoire de ma vie.

Il m'avait examiné de la tête aux pieds.

— Wow !

Je n'avais pas encore ouvert l'enveloppe.

Un ami m'avait prévenu avant même de m'embarquer dans cette aventure.

— Écrire son histoire, c'est raconter sa version des faits. Pas facile d'être objectif, avec tout ce qui t'est arrivé...

Il avait dit ça en rigolant, avant d'ajouter que c'était un peu comme quand les gens parlent de leur ancienne vie après une rupture : un divorce, deux histoires.

Je serrais l'enveloppe contre moi en attendant l'élan qui me pousserait enfin à tourner les pages de mon manuscrit quand la file s'est mise à avancer. Les passagers étaient si turbulents que l'avion ne risquait pas de se vider d'un coup. J'ai commencé à balayer les pages du regard. Je cherchais les mots-clefs, les noms les plus importants. Parcourir sa vie sur papier est une drôle d'expérience. Sérieux.

Tourner les pages. Scanner les mots. Vérifier que l'histoire colle à la réalité. Enfin, à celle que j'ai vécue. Et lire attentivement le résultat de ces centaines d'heures passées à reconstruire le puzzle. Revenir sur toutes ces histoires que j'ai partagées avec la police, la direction de la CCQ, les attachés politiques de ministres du Travail, les journalistes et la commission Charbonneau...

Revenir sur ces révélations, ces étincelles qui n'avaient pas vraiment réussi à allumer le feu que j'attendais. Celui du vrai changement et du grand ménage. Tourner les pages. Faudrait-il reconnaître que j'avais presque craqué devant Raynald Desjardins, ou souligner qu'il avait toujours été correct avec moi ? Tout comme Tony Accurso, soit dit en passant, et quitte à nourrir la rumeur.

Faudrait-il rappeler que la lâcheté d'une société cultive sa mesquinerie ? Il suffit de constater l'ampleur des dégâts collatéraux : les immigrants ou les étudiants sont-ils vraiment responsables de l'état dans lequel se trouve le Québec aujourd'hui?

Nous sommes tous responsables. Chacun à sa mesure, chacun à sa manière. On traite nos dirigeants de voleurs pour se rassurer, alors qu'on triche tous. Qui ne connaît pas ce retraité d'Hydro-Québec qui fait des rénovations en dessous de la table? Combien de pompiers ou de policiers profitent de leur position pour jouer aux agents de sécurité dans des soirées privées contre une enveloppe brune? Et quel est le pourcentage de syndiqués qui attendent seulement d'avoir accumulé leur nombre d'heures minimum avant d'exiger d'être payé au noir?

Je note « travail au noir » dans mon carnet. Plein d'idées me viennent à l'esprit, mais je dois ramasser mes affaires et remonter l'allée vers la sortie. L'avion est presque vide maintenant. Des journaux et des verres de plastique vides recouvrent le sol. La cabine est sens dessus dessous. Mais le pilote n'a pas l'air de s'en formaliser. Il est debout devant la porte de son poste de pilotage, d'où il salue les passagers. Je suis le dernier à descendre.

— Merci.

— Et merci à vous pour votre... *understanding*.

Compréhension. Mettre un visage sur une voix. « Se laisser voler... »

Mon pas s'accélère dès que je pose le pied sur la passerelle. Les idées se bousculent dans ma tête. Vite. Prendre des notes. Faire des liens: *Travail au noir + Yves Ouellet. Fausses factures + Revenu Québec. Éric Boisjoli + CCQ. Yves Ouellet + les Hells. Les manigances d'Alain Pigeon. Les intentions de la police. Les pressions politiques sur la Commission.*

Je cours presque maintenant. Ignorer la morosité de la salle d'attente à moitié vide. Repérer la seule banquette à peu près propre. Prendre mon stylo et noter tout ce qui me traverse l'esprit.

Dans le *best of* des situations absurdes que j'ai connues, il y a cet échange que j'ai eu avec Sylvain Lépine, le procureur en chef de l'opération Marteau. Il y avait un petit moment que je souhaitais entrer en contact avec lui pour lui remettre des enregistrements récents qui étayaient le dossier sur la corruption à la FTQ-C. Ma logique était simple : à partir du moment où l'escouade Marteau avait le mandat d'enquêter sur mon milieu, il me semblait normal de partager avec ses gens tout ce qui pouvait les aider dans leur enquête. Mais je n'arrivais pas à trouver un interlocuteur à la SQ depuis que les enquêteurs avec qui j'avais déjà travaillé avaient été affectés ailleurs. Me Lépine m'a expliqué qu'il ne pouvait simplement pas récupérer mes CD :

— Je vous arrête tout de suite. Si je comprends bien, vous avez des preuves dans un dossier de corruption. Je vais vous expliquer comment on fonctionne : nous, les procureurs, on ne reçoit aucune preuve, aucun témoignage. Il faut passer par la police.

C'est le genre de choses que j'accepte. J'ai pratiqué assez de sports d'équipe dans ma vie pour reconnaître l'importance de respecter le protocole. Il suffit qu'un seul maillon faiblisse pour que tout se défasse.

— Pas de problème, mais à qui est-ce que je devrais les donner ? Les gens de Marteau ne retournent pas mes appels !

— Je ne connais pas la chaîne de commandement. J'en ai déjà plein les bras avec les procès ! Essayez de parler à un superviseur...

C'était vraiment décevant : même le procureur en chef de Marteau ne pouvait rien faire pour moi. Ça aide un peu à comprendre pourquoi Me Lépine a dénoncé sur la place publique le fait que «la vétusté des lois en matière de corruption et de collusion [...] ne facilitait pas la tâche des procureurs pour déposer des accusations dans les scandales concernant l'industrie de la construction ».

Il n'était certainement pas le seul à être embêté par mes enregistrements. J'en avais eu la preuve dans un autre échange bizarre avec Yannick Pratt, un enquêteur de Marteau.

— Je suis désolé, Ken. Mais, ma boss n'est pas intéressée par tes CD. On a en masse de preuves.

— Comment ça, pas intéressée ?

— Je suis juste le messager, moi, là-dedans...

Je déteste les moments où tout le monde fait semblant de ne rien pouvoir faire.

Bienvenue dans mon monde. Un monde où la police ne prend même pas la peine de recueillir les preuves qu'on lui sert sur un plateau.

Absurde.

Ne rien oublier. Je relis en vitesse tous les noms que j'ai notés dans mon carnet, et je tombe sur Yves Ouellet. Ce ne sont pas les histoires qui manquent à propos de l'homme qui occupe aujourd'hui l'ancien poste de Jocelyn Dupuis.

Yves Ouellet, l'ancien directeur financier de la FTQ-C qui, peu après avoir été remplacé par Eddy Brandone, avait été le premier à me mettre la puce à l'oreille au sujet des dépenses de Jocelyn, et aussi à me fournir des munitions pour le faire tomber.

Yves Ouellet, le candidat à la direction générale lors des élections truquées de novembre 2008 qui, de connivence avec Yves Mercure (lui-même candidat à la présidence), m'avait offert de reprendre la direction de mon local en échange de la vidéo du sushi party...

Un local contre une vidéo ? Mercure m'avait même offert une boîte de cigares cubains en signe de bonne volonté. *Bullshit*. Pour moi, les deux Yves cherchaient la même chose qu'Eddy Brandone : de quoi faire chanter leurs ennemis.

Pourquoi le gouvernement permet-il encore à Yves Ouellet d'occuper le poste de directeur général de la FTQ-C ? Alors qu'un témoin – moi – a dit sous serment devant la juge Charbonneau qu'il entretenait des liens avec les Hells?

Pourquoi la Commission de la construction du Québec accepte-t-elle qu'Yves Ouellet soit encore DG, alors qu'elle sait pertinemment qu'il a dirigé pendant des années l'un des locaux où il y a le plus de travail au noir au Québec? La CCQ est bien au fait des mœurs douteuses de la Fraternité nationale des poseurs de systèmes intérieurs, revêtements souples et parqueteurs-sableurs (local 2366). Ne serait-ce que parce que je les ai dénoncées plusieurs fois à leur haute direction.

Tout comme je l'avais dit à Henri Massé, au printemps 2010, lorsque Michel Arsenault, alors président de la FTQ, avait fait appel à son prédécesseur dans l'espoir qu'il l'aiderait à remettre de l'ordre dans la maison. Pendant cette rencontre, Henri Massé, à titre de doyen, avait tenu à m'expliquer les *vraies affaires*. Il voulait que je comprenne bien qu'il était important pour la FTQ et la FTQ-C de tenir un discours cohérent. J'étais curieux:

— Pour le bien de leur image?

— Pour le bien de la centrale et de tous ses membres...

En l'écoutant, j'avais eu l'impression d'avoir été téléporté au milieu d'un congrès politique où on ne vous laisse d'autre choix que celui de suivre la ligne du parti. Quitte à renier ses valeurs, ses convictions.

La rencontre avait viré à la mauvaise farce quand, gratifié du mandat présidentiel que Michel Arsenault lui avait confié, Massé m'avait lancé sans rougir qu'il avait donné un mot d'ordre à tous les directeurs de la FTQ-C: il ne faudrait plus jamais parler de vol.

— Personne n'a rien volé...

— Personne?

— *Personne.*

Le premier round de notre échange m'avait au moins permis de retirer mes gants blancs. Heureusement, parce que l'idée du siècle n'était vraiment pas au rendez-vous au deuxième round. Massé m'avait expliqué qu'il avait aussi le mandat de désigner un nouveau directeur général (le second en deux ans). Il est vrai que le court règne de Richard Goyette avait vite tourné à la catastrophe. À force de faire des gaffes, le serviteur dévoué de Jocelyn Dupuis avait perdu toute crédibilité. Au point qu'il avait dû se mettre en congé de maladie pour ne pas avoir à se faire éjecter par ses amis.

— Yves Ouellet va remplacer Richard Goyette.

J'avais regardé Henri Massé comme s'il venait de s'évader d'un asile de fous.

— Yves Ouellet?

— Oui.

Il avait justifié sa décision en arguant que les autres candidats potentiels avaient trop de squelettes dans leur placard.

— Des squelettes? Mais Ouellet vient du local 2366...

C'était perdu d'avance. J'ai fait de mon mieux pour faire entendre raison à Henri Massé. Mais j'avais beau essayer de lui expliquer que mettre l'ancien directeur d'un local dont un très grand nombre de membres sont d'irréductibles travailleurs au noir n'était pas la meilleure manière de redorer l'image de la centrale, son idée était faite.

— Pas le choix. Trop de squelettes...

Alors je lui avais raconté une histoire en vitesse: Jocelyn Dupuis voulait qu'Yves Ouellet demande aux gars de son local d'accepter de travailler au rabais pour l'un de ses copains entrepreneurs. Yves m'avait dit lui-même qu'il avait fait appel à des Hells pour que Jocelyn arrête de lui mettre la pression. Il me semblait que s'il était en mesure de s'arranger pour que les amis Hells de Jocelyn lui demandent de lever le pied, ça devait bien vouloir dire qu'il avait de bons contacts chez les motards, non?

— Ça ne ressemble pas à un *ostie* de gros squelette pour toi?

Mais Henri Massé avait déjà tranché, et Yves Ouellet est devenu DG. Je me demande parfois si ce n'était pas aussi une manière de s'assurer que la FTQ-C ne ferait plus de vagues. Yves Ouellet n'est pas ce qu'on appelle un leader naturel.

Sur ma banquette en similicuir, je continue de réviser mes notes gribouillées en vitesse.

Fausses factures + Revenu Québec.

Les oreilles me sifflent à chaque fois que je repense à la phrase d'Henri Massé : « Personne n'a volé quoi que ce soit à la FTQ-Construction. » Alors pourquoi (et comment) la FTQ-C a-t-elle fait disparaître l'historique des dépenses de Jocelyn Dupuis durant ses années à la tête de la centrale ? J'avais subtilisé six mois de factures, mais les amis de Jocelyn ont détruit ou caché onze ans de preuves potentiellement incriminantes. Je ne sais pas si ça s'est produit vers la fin du règne de Jocelyn ou au début de celui de Richard Goyette, mais quelqu'un à la FTQ-C a manifestement décidé de faire disparaître tout ce qui pourrait nuire à Jocelyn, et donc à la réputation de la centrale. Je ne dis pas que ces dossiers contenaient onze années de fausses factures et de fraudes, mais si Jocelyn avait été en mesure de dépenser plus de 125 000 $ en six mois, quelqu'un aurait dû allumer bien avant moi, non ? Revenu Québec ou l'Agence du revenu du Canada, par exemple. Il me semble que ces agences, normalement si agressives, aurait pu mettre le nez dans les livres de la FTQ-C, non ?

Se sont-elles penchées, par exemple, sur cette histoire de pot-de-vin qui remonte à 2004 ? La famille Dépatie, propriétaire de l'épicerie Métro Plus à Laval, aurait versé 200 000 $ à Jocelyn Dupuis afin de pouvoir acheter un terrain. Un terrain qui, selon Radio-Canada, appartenait à Tony Accurso. Interrogé dans un reportage, Michel Dépatie avait résumé la façon dont Jocelyn lui avait dit que c'était à prendre ou à laisser : « *That's it that's all.* C'est ça ou t'as rien, mon gars. » Dépatie

avait avoué au journaliste à quel point il y tenait, à ce terrain :
« C'était mon unique chance de pouvoir me relocaliser... »

Selon une rumeur qui circulait à l'époque, la Sûreté du
Québec aurait ouvert une enquête sur cette affaire avant de
renoncer finalement à la poursuivre. Après mes échanges
avec les gens d'opération Marteau, moi aussi j'ai renoncé – à
chercher à comprendre la logique à laquelle obéit la SQ. Je
pense aussi à cette fois où, à force d'insister, de relancer et de
plaider encore et encore ma cause auprès de Sébastien Gagné,
l'attaché politique du ministre du Travail Sam Hamad, il avait
appelé le sergent Benoît Dubé, le policier de la SQ chargé de
ma protection. Je n'ai jamais su exactement la teneur de leur
conversation, mais je me rappelle que ce coup de fil avait vraiment énervé Benoît Dubé.

— Tu deviens vraiment lourd, Ken...

Le policier chargé de me protéger me trouvait lourd ? Le
sergent de la SQ qui m'avait fait monter à bord de sa Ford
Windstar et enfermé dans la chambre d'un motel pour m'interroger me trouvait pénible ? Le même qui m'avait dit un
jour que je devrais arrêter d'écœurer Jocelyn ?

Je ne peux pas m'empêcher de rire à chaque fois que j'y
repense. *Lourd* ? Comment prendre au sérieux cette remarque
quand elle sortait de la bouche de la personne chargée d'assurer ma protection du lundi au vendredi, mais jamais les week-
ends ?

La salle d'attente est toujours à moitié vide. Je ne m'inquiète
pas pour mes bagages qui tournent sur le carrousel. Au pire, un
préposé les alignera le long du mur. Je regarde l'heure sur un
écran télé. L'autobus qui doit nous mener au chantier ne part
que dans une heure. Mon regard revient se poser sur mon
carnet. Je repense à l'absurdité de ma protection des jours
ouvrables.

Belle occasion pour parler d'horaires de travail... et de congés
de maladie. Les départs de Johnny Lavallée et de Jocelyn

Dupuis n'avaient pas calmé les ardeurs de ceux qui les avaient remplacés. Au contraire, les couteaux volaient plus bas que jamais à la FTQ-C. Un exemple parmi tant d'autres : au cours de l'été de 2013, j'avais appris par la bande qu'Éric Boisjoli, l'un des directeurs adjoints de la FTQ-C, effectuait des travaux importants sur sa maison alors qu'il était officiellement en arrêt de travail. C'est Boisjoli qui m'avait fait savoir que Raynald Desjardins souhaitait me rencontrer au Hilton de Laval. Comme il avait joué sur les deux tableaux avant, pendant et après les élections, je n'avais aucune raison de lui faire de cadeau. Alors je suis allé vérifié l'information en me rendant chez lui, dans un lieu introuvable si on ne connaissait pas l'adresse, près de Rivière-Rouge. J'ai constaté que les travaux étaient bien en cours, alors j'ai pris des photos.

Sérieux. Un directeur adjoint en arrêt maladie qui fait des travaux majeurs alors qu'il est payé par la CCQ pour rester chez lui et se soigner ? N'importe quoi. J'avais contacté l'inspecteur Jean-Guy Gagnon, à la direction de la CCQ, pour lui remettre les photos que j'avais prises et porter plainte contre Boisjoli. Ma plainte est restée lettre morte, tout comme celle que j'avais faite à la CSST, qui ne m'a même pas répondu. J'en ai aussi parlé aux gens de la CEIC.

Tourner les pages. Ne rien oublier. Dans quelques années, quand le temps aura un peu effacé son visage des mémoires et que son rapport accumulera la poussière sur une tablette, la juge France Charbonneau aura peut-être envie d'effectuer des travaux sur sa maison. Refaire son toit ou changer sa brique, par exemple. Ce jour-là, elle se retrouvera devant le même dilemme que monsieur et madame Tout-le-Monde. Après l'avoir vue sursauter en prenant connaissance du montant de la soumission, le contracteur, qui ne l'aurait pas reconnue, pourrait proposer à sa cliente « une autre solution »... Les choses changeront-elles un jour ?

Enfin, en attendant, je me rappelle comment j'ai espéré, en vain, que le procureur assigné à mon dossier me pose les questions que je jugeais les plus importantes pendant mon passage à la Commission. À mes yeux, la Commission avait suffisamment de preuves pour obliger le gouvernement du Québec à mettre la FTQ-C sous tutelle et à faire le ménage dans l'industrie de la construction.

Quand je repense à la rigueur avec laquelle Simon Tremblay et son équipe, qui connaissaient mon dossier sur le bout des doigts, m'ont préparé à témoigner, je ne peux m'empêcher d'en arriver à une conclusion pessimiste. À la fin, ce n'est pas vraiment moi qui ai décidé de ce que j'ai dit à la Commission.

J'en étais à tourner les dernières pages du manuscrit quand mon nom a résonné dans les haut-parleurs. J'ai relevé la tête : « *Paging Air Canada passenger Ken Pereira...* »

Ça m'a fait tout drôle. Je n'avais jamais été *pagé* en public de ma vie.

« *... Please report immediately to the bus and shuttle area to meet with your travelling party.* »

Fuck, mon autobus.

J'ai attrapé les feuilles en vitesse pour les glisser pêle-mêle dans l'enveloppe. Je n'allais tout de même pas manquer l'autobus qui devait me mener à Fort McMurray !

« *Please report immediately...* »

Ça commençait à m'énerver. J'ai lancé un regard noir vers les haut-parleurs encastrés dans le plafond. « OK, c'est bon, j'ai compris, j'arrive... »

J'ai pris mon sac d'une main, coincé l'enveloppe sous mon bras, et j'ai commencé à marcher d'un pas rapide. Tous les obstacles s'ôtaient de mon chemin. Ne rien oublier ? Pas facile. Être fidèle ? Dans la mesure du possible. Continuer le combat ? Le mener autrement ?

En approchant du carrousel, j'ai repéré mes valises. Elles étaient avec les bagages non réclamés. J'ai refilé cinq dollars au garçon responsable de les recueillir.

— *Sorry, I'm in a rush...*

Pendant qu'il s'affairait, j'ai jeté un coup d'œil à mon carnet. J'avais réussi à barrer presque tous les noms que j'avais notés en descendant de la passerelle. Des noms reliés à des histoires qui devaient apparaître dans mon livre et qui me semblaient presque interchangeables. Parce que le besoin de toujours s'en mettre plein les poches en enfreignant la loi était devenu la règle et non plus l'exception.

Il me restait encore un cas à régler : celui d'Alain Pigeon, l'ancien numéro deux de la FTQ-C. C'est lui qui avait fait le pont entre les règnes de Richard Goyette et d'Yves Ouellet à la direction générale. Comme Pigeon a déjà été condamné par la justice et qu'il a été démontré qu'il était un magouilleur de plus parmi tous ceux dont j'avais dénoncé les agissements, revenir sur ses histoires serait-il bien utile ? La différence, c'est qu'Alain Pigeon avait été, jusqu'à présent, le seul ancien haut dirigeant de la centrale à reconnaître devant un juge que tout le monde, dans les hauts étages de la tour de la rue Crémazie, était au courant des dépenses frauduleuses de Jocelyn.

J'ai parcouru les derniers mètres qui me séparaient de la sortie où attendaient les autobus des travailleurs en transit. J'étais déjà tendu, et l'idée d'avoir fait attendre les gars ne faisait rien pour m'apaiser. J'étais pris par ce sentiment d'injustice qui s'éveille en moi à chaque fois que je tombe sur un reportage ou un article de journal qui me renvoie à mon histoire. Parce qu'ils ont beau avoir échangé des joueurs et modifié deux ou trois règles, la *game* n'a pas changé.

J'ai franchi les portes coulissantes d'un pas rapide, mais mes jambes se sont alourdies quand j'ai aperçu le Greyhound qui nous mènerait vers le chantier. Les heures passées à tourner les pages du manuscrit m'avaient clairement épuisé. En plus, je n'aime pas faire attendre les gens. Notre chauffeur, les deux mains enfoncées dans les poches de son manteau gris, faisait les cent pas devant la soute à bagages.

— *I'm sorry. Really...*

Il a pris mes affaires sans rien dire, mais il m'a fait comprendre d'un regard que ce genre de choses arrivait à tout le monde. C'était gentil de sa part, mais je me sentais mal pareil.

J'ai grimpé les marches caoutchoutées et puis, juste avant de tourner le coin, j'ai étiré le cou et lancé à la blague :

— Hé ! Excusez-moi... *Is this the bus for Fort McMurray...?*

Les gars se sont tous mis à gueuler d'un coup.

— T'étais où ?

— Mais kessé que tu faisais, donc ?

Bonne question.

J'ai regardé ces gars de toutes les tailles et de toutes les couleurs qui travaillaient à des milliers de kilomètres de chez eux, mais que ça n'empêchait pas de rire comme des enfants.

« Kessé que je faisais ? » Mes mains ont agrippé le dossier d'un siège pour me donner de l'assurance.

— Je travaillais sur mon livre...

— Sur ton *quoi* ?

Ils sont tous repartis à rire. Le chauffeur a profité de cette deuxième vague de brouhaha pour me faire signe de m'asseoir, mais je n'ai pas pu m'empêcher de protester avant de me glisser dans mon siège :

— Mais c'est vrai !

Ils ne m'écoutaient même plus. Ils étaient déjà partis sur autre affaire... L'autobus a commencé à rouler. Je me suis assis en silence dans le chaos.

Je n'étais pas vexé.

La route devant. Les rires derrière. Le Greyhound s'engageait sur la *Highway 63*.

J'ai attrapé mes écouteurs dans ma poche et les ai branchés dans mon téléphone.

L'Alberta. L'exil.

Pour défendre mes hommes, j'ai dénoncé les abus des hauts dirigeants de ma centrale. Pour avoir refusé d'embarquer dans les *gimmicks* de ceux qui dirigent encore la plus grande centrale de la province, tout «Québec, inc.» me fuit comme la peste. Aucune instance gouvernementale chargée de défendre les intérêts des citoyens payeurs de taxes ne m'a proposé de me joindre à elle pour combattre la collusion et l'intimidation. Pour avoir refusé de me laisser acheter, je suis devenu toxique.

Toxique ou fatigant? Je balaye du doigt l'écran de mon téléphone. Eminem... Rage Against the Machine... Mon doigt s'arrête sur *Revolution*, de Bob Marley.

La batterie. Les cordes. Bob.

Revelation reveals the truth...

It takes a revolution to make a solution...

Le rire des gars. Les prairies à perte de vue. Le vide.

Too much confusion, so much frustration...

Frustration? Mettez-vous à ma place. Confusion? Zéro. Je me redresse dans mon siège.

It takes a revolution to make a solution...

Revelation reveals the truth...

Passez-moi au détecteur de mensonges, pour voir.

Note finale

Si les pouvoirs médiatiques, politiques et judiciaires m'ont donné une tribune, c'est parce qu'ils étaient prêts à voir les choses changer dans le monde syndical. Je doute beaucoup qu'ils auraient fait la même chose si j'avais été un *whistleblower* dans le monde des affaires ou dans la machine de l'État.

Aujourd'hui, on critique constamment les programmes sociaux et les acquis syndicaux, et on présente les traités de libre-échange internationaux et la loi du marché comme de grands bienfaits pour l'humanité. Alors on exporte des emplois et on importe des produits et des services sans se soucier des conditions de travail à l'étranger et du coût social ici. Comment ne pas voir que trop souvent, les élus servent les intérêts des corporations avant ceux du peuple ? Il faut changer les choses dans toute notre société et, selon mon expérience, il n'y a pas trente-six façons de le faire : *follow the money*.

Table des matières

Cet ouvrage composé en Celeste corps 12 a été achevé d'imprimer au Québec
sur les presses de Marquis Imprimeur le vingt-deux septembre deux mille quinze
pour le compte de VLB éditeur.